石の宗教

五来　重

講談社学術文庫

目次

なお、本文中の地名は原本刊行時のままとしました。

写真提供／上別府茂氏、講談社資料センター

石の宗教

謎の石――序にかえて

一　飛鳥の謎石

石にはどうして、こんなに謎が多いのだろう。月の石から路傍の石仏、石塔まで、すべて謎だらけである。

これは自然界の謎を石が背負っているように、人間の心の謎を石が背負っているからだろうとおもう。そして人間の心の謎は宗教の謎である。したがって宗教の謎が解ければ、石の謎も解けるにちがいない。その宗教というものも、人間の頭でつくった文化宗教では石の謎は解けない。仏教の唯識《ゆいしき》の三論《さんろん》の、天台の真言のといっては、石仏の謎一つも解けないだろう。キリスト教の神学でも、儒教の哲学でも石には歯が立たない。それは自然宗教としての原始宗教、未開宗教、あるいは庶民信仰や呪術宗教の分野だからである。

私は一九七六年の四月二十九日から五月五日までフランス西海岸のブルターニュ地方を旅行したが、ここは石の謎だらけであった。学生時代に考古学概論でまなんだアリニュマン（直列列石）がまずカルナックにあった。これは二列の巨石の列が延々三キロにもわたって続き、いまだに謎の解けない壮大な巨石文化の遺跡であった。また一本だけの円柱状の巨石が倒れたり、立ったりしているが、このメンヒル（メニィール＝立石）も想像を絶する巨石であり、ブルターニュにはいたるところに見られる。いまは巨石墳墓だろうといわれているが、日本の石舞台のような石室がないので、まったく分からないのである。カルナックには聖ミシェルの墓《テイミリス》という高塚があり、その地下には横穴が縦横に通っていて、これは積石墳墓であることが分かるだけであった。

一九八一年の八月には、南イングランドのエーヴブリーのストーンヘンジ（円形列石）の遺跡を見たが、立石の巨大さとともに、その配列の計画性は蒙昧《もうまい》な古代人のものとはおもわれない。日本にも大湯《おおゆ》（秋田県鹿角《かづの》市）の環状列石《ストーンサークル》のようなものがあるが、とても比較にならない。しかしどちらもその石の謎はいまだに解けていないのである。

このような遠い国の巨石文化だけでなく、身近な飛鳥にも謎の石は多い。万物が時に侵食されても石だけは朽ちることなく、謎を現代まで持ち越したのである。「亀石」といわれるものは、むしろ蛙石《かえるいし》であったろうけれども、何のために石で蛙をつくったかはまったくの謎である。ペルシアの蛙が一跳びで跳んで来た、とでも言わなければ説明のしようがない。また明日香村平田の吉備《きび》姫王《ひめおう》の墓にある四体の「猿石」も、猿ではなくて怪奇な石人だから、外来の胡人《こじん》とでも言わなければならないだろう。おなじ胡人の顔をした「道祖神石」も不思議な石で、飛鳥の真神原《まがみはら》出土とだけ分かっている。大きな目を開けてなにかを見張っているにはちがいないが、その目的はまったく不明である。おなじ飛鳥の橘寺《たちばなでら》にも「二面石」があり、道祖神石の二面石とおなじく、見張りをする石人であろう。

二面石（奈良県、橘寺）

私はこのような見張り像をのちに結界石として説明したいけれども、近世の放浪彫刻家円空《えんくう》が、伊勢で弥陀《みだ》・薬師の一身両面仏を作ったのは、このような石像を見たためかもしれない。これらに比べるとやはり飛鳥真神原出土の「須弥山《しゅみせん》石」は比較的わかりやすく、石によっては須弥山を表現しながら、噴水塔の機能をも果たしていたのだろうといわれている。

一方、飛鳥の「酒船石」は亀石、猿石以上に謎の石である。平石の表面に円形の皿状の窪みを三つと、角切《すみきり》長方形の窪み一つとを彫り、直線の溝で連ねた構造は、酒搾り石とか、人身供犠台であるとか、ベンガラ採取用だとかの臆測を生んだ。今後もいろいろの説が出るであろうけれども、中世の献供板《けんぐばん》に六個の皿状窪みをあけたものが、奈良元興寺《がんごうじ》極楽坊の中世庶民信仰資料から出ているので、祭の際に液体や固形の供物《くもつ》を盛る石であったかもしれない。このような謎の石は、実用品ならばかならず類似の生産用具や生活用具に連続するものである。その連続性がない以上、これは宗教用具として考察する必要がある。しかも野外の石を用いるということは、自然宗教に関係があると見なければならない。その古代の自然宗教は、仏教や陰陽道《おんみょうどう》や神道のような文化宗教が出来ると、庶民信仰または呪術宗教として、記録や祭祀《さいし》から排除されて、伝承をうしない、現在との連続性が断絶する。

しかし石はあくまでも自然宗教、庶民信仰を表現し、表出する素材であった、と私は考える。したがって石の謎は庶民信仰の面から解かねばならない。それは石には、アニミズムの対象として神霊が籠るという観念があるからである。宗教的には石は無生物、無機物ではない。神や霊は神籬《ひもろぎ》（常磐木《ときわぎ》）とともに「磐境《いわさか》」に宿ると考えられ、祭祀は磐境でおこなわれることが多い。大和の三輪《みわ》山などはその顕著な例で、文化宗教としての神道の祭は拝殿でおこなわれるが、これに先立つ自然宗教の祭祀は三輪山中の磐境でおこなうのである。このように神霊の籠れる石から神が出現すれば「影向石《ようごういし》」とよばれ、山岳仏教寺院ならば「護法石」となる。護法というのはその山岳の山神が仏教に帰依服属した形で、仏教と寺院を守護する善神となったものである。それは山中の石や大樹に宿っているので、「満山護法善神」ともよばれるが、それらは祭には「護法石」に天降り、出現すると考えられた時代があった。護法の祭と護法石については、のちに項を立てて述べようとおもう（第一章六節　護法石と託宣）。

二　修験道と庶民信仰の石

修験道にも多くの謎の石がある。これは修験道というものが、本来、自然宗教だったからで、密教の印《いん》や真言、あるいは金剛界、胎蔵界の教理を取り入れて、天台宗の真言宗のと文化宗教のような顔をしてみても、その本質は自然宗教であり、庶民信仰

大峯山の「西の覗き岩」　谷底を覗く行者（奈良県）

である。したがって修験道を実践する「行《ぎょう》場《ば》」というものには、不思議な「お亀石」という謎の石があって、間違ってもそれを踏んではならないことになっている。そこを通るときには新客（初めて山伏として入峰《にゅうぶ》修行する者）は、先達の先導にしたがって次の秘歌をとなえなければならない。

お亀石　踏むな　叩くな　杖突くな
よけて通れよ　旅の新客

そして大峯山上ヶ岳《おおみねさんじょうがたけ》のお亀石ならば、その根は那智《なち》の滝まで通じているなどという。

修験道の行場は「石の行場」といってよいほど、石をめぐるのである。「覗《のぞ》き岩」では断崖に綱で釣り下げられて、極楽（あの世）である谷底をのぞく。「賽《さい》の河原」では石を積み、「胎内潜《くぐ》り」では巨岩の割れ目の狭い空間を通り抜ける。「牛の背・馬の背」や「蟻《あり》の戸渡り」ではエッジのように尖《とが》った石峰をわたり、「跳石」では跳躍し、跳べなければ谷底へ落下してしまう。「鐘掛石《かねかけ》」（鉄掛岩《かねかけ》）は垂直の断崖を鉄鎖でよじのぼるもので、これを「鎖禅定《くさりぜんじょう》」ともいうが、謎の秘歌がある。「平等岩」（行道岩）では、この岩を決死の覚悟で巡る行があった。これらの謎についても、後に改めてくわしく説きたい（第二章行道岩）。

鎖禅定（愛媛県、石鎚山）

笙の岩屋（奈良県、大峯山）

石の謎は岩壁の洞窟にもある。戸隠山《とがくしやま》などは、三十三所霊窟といわれるものが、それぞれ謎をもっており、とくに「本窟《ほんくつ》」（宝窟《ほうくつ》）に大きな謎が秘められている。一般に高天原《たかまがはら》の天岩戸《あまのいわと》の戸を、手力男神《たぢからおのかみ》が地上に投げ落としたのが戸隠山になったといわれているけれども、古い縁起にはこの本窟に九頭龍神《くずりゅうじん》を封じ籠《こ》めて、石の戸で隠したために、戸隠というのだとある。このような問題は、修験道と庶民信仰の山神と水神、洞窟信仰や儀礼などから解かねばならないが、戸隠奥社（本社）の社殿改築で、本窟は全く見ることができなくなるのは惜しいことである。また「富士の人穴《ひとあな》」のように、洞窟の奥に地獄があるという信仰もあり、そのような洞窟には死者を葬る習俗があったりして、洞窟、石窟の謎は深い。

修験道の洞窟は魂があの世とこの世を往来する通路とされ、大峯山の「笙《しよう》の岩屋」のように、そこから地獄極楽を巡るという信仰もあった。立山の室堂平《むろどうだいら》にある「玉殿《たまでん》(霊殿)の岩屋」なども、下の地獄谷と合わせて、そのような信仰があったものであろう。その意味で石や洞窟は、神よりも霊と密接な関係を持っている。しかしそこでおこなわれた宗教儀礼はほとんど不明に帰してしまったが、正灌頂《しようかんじよう》などの即身成仏《そくしんじようぶつ》の儀礼があったり、「生まれ代わり」の擬死再生《ぎしさいせい》儀礼がおこなわれたものであろう。

修験道の修行者は古くは洞窟にこもって修行したが、近世初期にも弾誓《たんせい》上人のように窟籠《いわやごも》りを一生続けた人もある。最近一つの自然石に仏頭をのせた石仏が話題になった。これは信州下諏訪の「万治《まんじ》の石仏」とよばれ、いろいろな謎解きがおこなわれたが、弾誓流修験道では「仏頭伝授」という伝法の儀式があったので、この宗教から謎解きができるようになった。

石の謎は不思議であるとか、すばらしいとか、感嘆詞や好奇心だけで片付けないで、われわれは原始の心、素朴な心に帰って見直す必要がある。この原始の心は庶民が持ち続け、伝承し続けてきたものなので、庶民信仰の面から見れば案外楽に解ける問題も少なくない。

ヨーロッパでは、文化宗教としてのキリスト教が暴威を振るいすぎた。そのためにキリスト教伝播《でんぱ》以前の原始宗教は、根絶されたのである。したがってアリニュマンやメンヒルや、ストーンヘンジ（クロムレック）などの謎は解き難くなった。それでもマリア信仰や十字架信仰や、聖地信仰、聖物信仰、巡礼信仰などに転化された原始宗教の残存から少しずつ解明されつつあるが、それにも限界はある。ところが日本人の自然主義や伝統主義、仏教の寛容主義などのおかげで、日本には庶民信仰の形で、民族固有の原始宗教が残っている。

現在の日本仏教というのは、日本人の民族宗教と庶民信仰が、未分のまま仏教の衣をつけただけのものと言える。建前は仏教だけれども、本音は庶民信仰だから、仏教にはない葬式をしたり、お盆、彼岸をまつったり、供養の石塔を建てたりする。墓や路傍に立てる卒塔婆《そとば》も、名称はインドのストゥーパの音訳だけれども、インドの舎利《しやり》仏塔とは似ても似つかぬ棒や柱や板なのである。しかも三重塔、五重塔、九重塔などの塔婆と同じく、経木《きようぎ》や板や柱の卒塔婆を平気で塔婆とよぶ。仏教学者や僧侶は苦々しい顔をするのに、墓にはこの塔婆を立てないと承知しないのが庶民である。

このように仏教ではない庶民信仰の卒塔婆から、石塔は発生する。日本人は常磐木のヒモロギや忌杖《いみづえ》の棒を立てて、先祖をまつり、また石に籠れる先祖の神を拝んだ。

仮に宝塔や多宝塔、宝篋印塔《ほうきょういんとう》や五輪塔の造型のもとが、なんらかの仏教経典や儀軌《ぎき》に記載があるとしても、その信仰内容は祖霊崇拝であり、死んで間もない荒魂《あらみたま》の鎮魂供養である。またその素材に木や石を使うということは、日本人の常磐木の枝や杖（棒）や石に対する宗教感情から出ているのである。まずこれから明らかにしてかからないと、石塔や石仏の謎を解くことはできない。

このように見てくると、石塔、石仏には仏教と異質の宗教が存在することがわかるであろう。したがって仏教的石塔も、非仏教的な庚申《こうしん》塔や道祖神碑、山神塔、二十三夜塔、馬力神塔、蒼前《そうぜん》神塔、あるいは陽物形石棒（金精《こんせい》神、塞神《さいのかみ》）などと別物でないということになる。そのほか自然石崇拝や積石崇拝、洞窟崇拝、聖石崇拝など、これらに共通する石の宗教を次章以降にのべてみたい。

第一章　石の崇拝

一　石の宗教の四形態

石を宗教の対象また象徴とする場合、四つの道が考えられる。第一は自然の石をそのまま手を加えずに崇拝対象とするもので、山岳宗教にはこれが多い。立石をそのまま神や仏とするのは、観音岩とか不動岩とか天柱石というものが多く、長門豊浦郡の豊浦町、豊田町、豊北町にまたがる狗留孫山《くるそんざん》（六一六メートル）などは観音岩で知られる。大和の大峯山の孔雀岳《くじやくだけ》からは青不動とよばれる自然の立石を拝むし、大日岳からは五百羅漢石の林立を見ることができる。ちかごろ中国の桂林《けいりん》の風景がよく紹介されるが、日本ならば神仏の名をつけて礼拝されるところである。

第二は石に加工はしないけれども、自然石を積んだり、列や円環状に配列して宗教的シンボルや墓にする。とくに日本人は石を積むことが好きで、山へ登れば至る所に

戒名の書かれた塔婆（山形県、月山）

積石を見ることができる。たいてい、山の登り口や頂上にちかい所に、塞《さい》（賽《さい》）の河原という場所があって、山男も山女も訳もわからずに石を積む。あるいは何かを祈って、それが叶《かな》うか叶わないかを占うために石を積む。越中立山の地獄谷の積石は、もともと死者のためであったし、現に山形県の蔵王《ざおう》山の賽の河原は供養を受け付けている。同じ山形県にある月山《がっさん》の九合目の広大な賽の河原には、戒名を書いた板の小片が立てられていて、今も供養に来る人があることがわかる。本書では、このような積石がどのような宗教的意味からはじまったかを考えていきたいが、これが石を加工するようになると、五輪五大や宝塔の思想から石塔になっていくことを後で説明したいとおもう。

四国高松の石清尾山《いわせおやま》古墳群の積石古墳も同じ宗教的目的から生まれたが、そこには石子詰《いしこづめ》に共通するものがあったようである。山岳宗教の入定《にゅうじょう》は石子詰葬法なので、特別の宗教的意味があったらしい。

また円環状のストーンサークルも、中心部に改葬骨を置いたろうといわれ、死者の葬墓に関係がある。秋田県鹿角市《かづの》の大湯《おおゆ》環状列石群《かんじょうれつせき》は、規模が大きいのでいろいろな説が出たが、墳墓であることはほぼたしかである。日本人は昔から科学が得意ではなかったから、列石で星座や天文の観測をするようなことはおこなわなかったとおもわれる。

石の宗教形態の第三は石の加工である。石器は旧石器時代からあるのだから、人間と石とのつき合いも長いものである。その加工も生活用具ばかりでなく、石棒や鍬形《くわがた》石《いし》や御物石器《ごもつせっき》のような宗教用具も造られた。石棒はもと木製の男根形の棒（コケシの原形）を立てて祖先をまつったのが石製化されたらしいが、大型の武具としての石棒もあったことはもちろんである。石棒は明治維新の「淫祠《いんし》邪教《じゃきょう》の禁」で、お堅い役人が撤去しなければ、今でもたくさん見られたにちがいない。しかし、これは中世から石地蔵に置き換えられて、村境や広場に塞の神の代わりに立っている。

日本人はギリシア人やローマ人のように人体の美を石で表現することはなく、仏像や神像のような宗教的表現にだけ石を用いた。これは石には神や仏や霊の魂がこもっているというアニミズム（霊魂崇拝）が発達していたからで、木にも金属にも道具にも霊魂の存在を認めている。これはギリシア、ローマとこれを受けた西欧が良いとか、日本が良いとかの問題でなく、それぞれの民族的特性であるから、お互いにその美点を認め合うべきものである。日本のインテリには、石や木を拝むのは野蛮だという考え方がある。この人びとにとっては石仏や石塔は単なる石であるから、鑑賞すればよいので拝む気はさらさらない。しかし、石を拝む庶民を、野蛮や無知ときめつける権利はまったくない。最近のある随想欄に、正統仏教は霊魂の実在を認めないのだから靖国神社に戦死者をまつるいわれはない、と書いた人がいた。十七、八の青二才かとおもったら、五十過ぎの「評論家」なのである。日本人全体がインド哲学を勉強した正統仏教者と買いかぶっている。熊さんや八つあんの存在はまったく認めない傲《ごう》慢《まん》な態度である。

石に霊魂の実在を認めた日本人は、実に豊かな石造宗教文化を残した。王侯貴族の宮殿や墳墓のような石造文化はないが、至る所に石の宗教遺物と遺跡がある。これらはみな宗教的シンボルを表現したもので、これを見る人に宗教感情と信仰を伝達することができる。これが石仏や石塔のような宗教的石造工芸の精神であって、単に死者の記念碑であるだけでなく、そこには宗教的シンボルが表現されなければならない。ヨーロッパの墓に十字架やマリア像が刻まれるのはそのためであるが、近頃は死者の写真を大理石に焼き付けて得々としている人もいる。

いま墓相学なるものが盛んだということであるが、これは信仰というよりも不安と安心の問題だから、墓相にこだわる者には何も言うことはない。しかし墓が礼拝と感謝と哀惜という宗教感情の表現ならば、当然これを伝達する宗教的シンボルがなければならない。そして墓に詣《もうで》る人に宗教感情を伝達し、信仰を起こさせる墓相が、一般的に「吉相」と評価されるべきものであろう。そのために過去の日本人は種々の美的な塔形を、創意工夫して残してくれた。したがってこれからはその塔形のシンボルの意味や、歴史的な変遷過程を認識していく必要がある。そうすれば新しい創造も可能になるであろうし、墓地景観ももっとヴァラエティに富む、美しいものになるだろうとおもう。

第四の石の宗教形態は、石面に文字や絵を彫ることである。自然石面を彫る磨崖《まがい》仏《ぶつ》、磨崖碑もこれであり、自然石板碑《いたび》もある。しかしこの形態では何といっても加工石面に文字や絵を彫ることになる。すなわちこれが板碑で、第三の加工造型と併用して五輪各輪や宝篋印塔《ほうきょういんとう》台座に、銘や梵字《ぼんじ》を彫ることもある。また板碑に五輪の半肉彫レリーフを彫ったものもあって、私はすばらしい塔形だとおもっている。これは今後大いに発展性のある石造工芸になるであろう。何々頌徳碑《しょうとくひ》や道路改修記念碑、耕地整理記念碑なども、今後は芸術性と宗教性を追求して、毎日これを仰いで通る人びとの心に何物かを語りかけるものでありたい。

最後に彫刻ではなく、彩色によって絵を描く形態がのこされている。洞窟や古墳石室の壁画がこれであるが、日本では装飾古墳のほかにはあまりないので、一形態を立てないことにした。しかし西欧には洞窟壁画が多く、その宗教的意味や保存を研究する洞窟学があるので、必要に応じて言及していくことにしたい。

二　自然石崇拝

自然石を宗教の対象にするのは、自然宗教である山岳宗教や原始宗教に多い。私は宗教を自然宗教と文化宗教に分け、文化宗教は教理と教祖と教団を持つもの、つまり仏教、キリスト教、イスラーム教のように、宗派とそれぞれの儀礼と戒律をもつものを指すことにしている。従来の宗教学はこの文化宗教だけを「宗教」とし、自然宗教を「呪術」といって宗教扱いしなかった。それで先の宗教評論家のように、死者の霊魂の実在を認めて石塔を建てたり、靖国神社の国家護持をしようという輩は、宗教者と見なさない発言をしたのである。しかし最近では宗教学研究が進歩して、文化宗教も宗教としては（哲学としてではない）自然宗教と区別できないことがわかってきた。その上アフリカや東南アジアの開発途上国や少数民族の自然宗教（もとは未開宗教といった）も無視できなくなったので、「文化人類学」または「民族学《エスノロジー》」（民俗学《フォークロア》ではない）の分野で研究されるようになった。

ところが文化人類学者も民族学者も、日本国内の自然宗教については研究していない。実は遠い開発途上国や少数民族のいる地へ出て行かなくとも、身近に自然宗教は多数あるので、私は宗教民俗学の名でこれを取り扱うことにしている。「石の宗教」は本質的に自然宗教なので、この立場からしか扱えないのである。しかし自然宗教といっても肩身のせまい思いをする必要はない。というのは日本人の仏教と神道は、めずらしく文明国の中の自然宗教なのであって、仏教が葬式を扱い、神道が豊作祈願をするのも自然宗教だからである。したがって奈良時代から日本には石仏や石塔がつくられて、連綿として今に至ったのは、自然宗教が基礎にあったためであった。

日本人の宗教を知るには、まず自然宗教から始めなければならないが、とくに「石の宗教」は仏教以前の原始宗教から見ていく必要がある。その中でも山岳宗教の自然石崇拝はもっとも原始的であろう。それははじめに言ったように、山岳宗教、すなわち修験道が原始性をいまも保持しているためである。修験道は天台宗の京都聖護院《しょうごいん》（本山派）を本山としたり、真言宗の醍醐《だいご》三宝院（当山派）を本山としたり、一応は仏教の一派のようになって、文化宗教の顔を呈しているが、実質は原始性をもっともよく残した自然宗教である。それで山野を跋渉《ばっしょう》しながら、山や石や木を拝むのである。

たとえば四国の修験道を代表する石鎚《いしづち》山（一九二〇・六メートル）は、その一大巌《がん》峰《ぼう》が崇拝の対象である。天狗岳（一九八二メートル）や天柱石もあるが、山としてよりも「石の霊《いしつち》」を拝むもので、もとは「弥山《みせん》」（御山《みせん》）といって、頂上へは登らなかったであろう。「つ」は「の」の意味、「ち」は「霊」の意で、「いしつち」は「石の霊」を指す言葉である。今は一の鎖、二の鎖、三の鎖と三つの絶壁を鉄鎖をたぐって登るが、これは修行としておこなうのである。

この頂上には石槌神《いしつちのかみ》（石の霊神）が居ると、奈良時代の書、『日本霊異記《にほんりょういき》』に書かれている。弘法大師空海もこの山で修行したことを自叙伝（『三教指帰《さんごうしいき》』）に記しており、そのために石槌神は大峯山の蔵王権現《ざおうごんげん》に置き換えられた。明治維新まで頂上にも中腹（成就《じょうじゅ》社）にも、山麓にも三体蔵王権現がまつられていた。現在はこれを撤去して、三体の「石土毘古神《いしづちひこ》」がまつられている。いずれにせよこの山は自然石崇拝が、現在まで続いている。

奥羽の修験道の雄は出羽三山《でわさんざん》である。その主峰は月山《がっさん》（一九七九・五メートル）で、その登山口に羽黒山《はぐろさん》、湯殿山《ゆどのさん》の修験が発展し、合わせて出羽三山と呼ばれる。多くは羽黒山から登って月山頂上に詣り、湯殿山へ降りるが、この逆もある。ここでは自然石の立石を東普陀落岩《ふだらく》と呼んでいるが、陽石形《ようせき》の巨大な立石である。これに対して西普陀落岩という陰石形《いんせき》の石もあるという。原始宗教ではとくに陽石《リンガ》が崇拝されるので、大漁祈願とか商売繁昌、豊作などの祈願の対象になる。月山頂上には胎内岩という自然石もある。今はその狭い穴をくぐり抜ける興味だけになったが、もとは陰石として拝まれたのであろう。私が行ったときは、その付近から寛永通宝などの穴あき銭を多数採取することができた。ともあれ、自然石崇拝は巨大な石、あるいは形態に特色のある石に、霊威ある神の霊が宿っている、と信じるところからおこるのである。したがって自然洞窟もよく崇拝の対象になるものである。

三　影向石と磐座

自然石を信仰の対象とするのは自然宗教であるが、日本人の自然宗教は二つの道に分かれて文化宗教へと発展した。その一はいうまでもなく神道であり、その二は修験道であった。そしてこの二つの文化宗教が理論化され、観念化されて、自然石崇拝を忘れたり軽んじたりしたので、庶民信仰、民間信仰といわれる呪術宗教が、これを継承するようになった。宗教というものはきわめて原始的な精神のはたらきなので、決してその起源を忘れることはない。何事もない平常時は理論や観念に安んじているが、一旦非常事態や困難に遭えば、自然宗教が再燃してきて、自然石や樹木や路傍の石像にまで、真剣な祈りをささげるようになる。神風などという自然現象を待望し、神道でも仏教でも修験道でもない千人針などという腹巻を身につけたのもこのあらわれである。

私の住む京都の上賀茂には山城一之宮の上賀茂神社（賀茂別雷《わけいかずち》神社）があって、雷神をまつっている。御本殿の神門の外に大きな影向石《ようごういし》があるが、別に柵《さく》もなくて、人はその上を踏んでも勝手である。しかし一年に一回だけ、いわゆる葵祭《あおいまつり》の時、宮司がこの上に座る。これは勅使が橋殿で「御祭文《さいもん》」を読み上げたのに対して、「返《かえし》祝詞《のりと》」を読むためである。すなわち「御祭文」というのは天皇が賀茂の神に対して天下泰平、五穀豊穣《ほうじょう》をいのる祈願文であるが、これに対して神が応諾の返答をするのが「返祝詞」である。これは決して影向石が本殿よりも橋殿に近いからというためではない。神はこの石の上に出現（影向）して、人間の願いごとを聞くという信仰があったからである。文化宗教の神道は、平生この信仰を忘れているが、一年に一回のお祭にだけは自然宗教を想い出す形式をとる。そしてこの「御祭文」と「返祝詞」が葵祭当日の儀式の中で、もっとも神秘的な瞬間とされている。しかし祭がすめばすぐそれは忘れられてしまう。これに対して修験道の大峯山上ヶ岳の「お亀石」も影向石であるけれども、今も「踏むな　叩くな　杖突くな　よけて通れよ」と唱え、柵が結われている。

賀茂別雷神社は平安遷都以前には、推定ではなくて確実にこの影向石の上にまつられていたのである。しかし、壮麗な神殿を営むために、一段と高く平坦な現本社の位置に引き上げられたことは間違いない。神は本社の社殿の中に常在するのではなくて、祭のときだけ、人間の請に応じて石や木に降臨影向する。石はその神の座であるので、「磐座《いわくら》」と呼ばれるのである。ところが賀茂別雷神社でいえば、この影向石も最初の磐座ではなかった。影向石から御本社と一直線上にある山が神山《こうやま》で、神山の山頂と中腹には、三段に自然石の露出があって、降臨石と呼ばれている。ここが最初の磐座で、次に今の影向石でまつられ、最後に現在の本社が建てられたのであろう。磐座の祭祀も、常設の社殿があっただけではなくて、祭のたびにこれを囲う「みあれの御囲《みかこい》」という、臨時の青柴垣《あおしばがき》をしただけだった、と私は推定している。というのは今も御本社と神山の中間地点に、檜《ひのき》や椎《しい》の枝で二間四方の青柴垣をつくり、「みあれ神事」として神秘の祭をおこなっているからである。このように文化宗教化した神道で

みあれの御囲（京都市、上賀茂神社）

も、自然宗教の部分がどこかに残っていることがわかる。

自然石崇拝で賀茂別雷神社に似たものに信濃の上諏訪《かみすわ》神社がある。七年ごとの「御《おん》柱《ばしら》の神事」で知られるこの社も、比較的自然宗教を残した社であるが、古来本殿を持たない神社といわれてきた。それは拝殿の裏手の本殿の位置が苔の生えた平地になっていて、磐座の自然石が露出しているからで、これを「石之御《み》座《くら》」という。今は囲いの中で見ることはできないけれども、鎌倉時代の『諸神勧請之段』という文献には、

大明神ワ（八）　岩ノゴザソ（御座所）ニ　ヲ（降）リタモウ　オリ
タモウ
ミス（簾）フキアゲノ　カゼノスズミニ

という神歌がある。この石は「硯石《すずりいし》」ともいわれるというから、四角の形をしているのだろうとお

もう。ひそかに私が神官から聞いたところでは、神仏分離まではこの磐座の上に鉄製多宝塔がのっていたというが、現在は旧神宮寺に移されている。このように本殿も神体もないということが、「諏訪《すわ》法性《ほっしょう》大明神」といわれる理由で、『諏訪大明神画詞《えことば》』（文明四年〈一四七二〉書写）には「法性無躰《ほっしょうむたい》ノ実理ヲ顕ハシ」とのべている。

上諏訪神社にはもう一つの磐座があるが、これに座れば神そのものになると信じられた。というのは、諏訪の神には御神体はない代わりに、神主の大祝《おおはふり》が神そのものになる。『諏訪大明神画詞』には、

　我ニ於テ躰ナシ。祝《はふり》（大祝）ヲ以テ躰トス、ト神勅アリケリ。

とあるが、この大祝が神主を相続するときには「要石《かなめいし》」という磐座に座るのである。その様子は『大祝職位事書《おおはふりしきいことがき》』（天文七年〈一五三八〉）に出ていて、たとえば建武二年（一三三五）の継職ならば、

　神殿西に柊木《ひひらぎ》あり。鶏冠《とさか》大明神と申、その木の本に石有《あり》。その石上葦《あし》をしき（敷）御装束着。此あし（葦）は千野（茅野）神主役。（中略）如例大祝殿四方をはい（拝）して咒《しゆ》、印《いん》、同十字、極

位大事数（神道灌頂）（三）。

とあり、畢《おわ》れば「我身はすでに大明神の御正躰《みしやうたい》と罷成《まかりなり》候ひぬ。清器（清い食器）中給はりて定なり。今よりしはふちやう（不浄）なる事あるべからず」といったという。これはこの石に乗れば人間が神になるということをあらわしたもので、ここに極端な自然石崇拝を見ることができる。これを石に神の魂がこもっていると見るか、人を神とする呪力を石が持っているとするかは、にわかに決定することはできないが、石を神として崇拝することから、石仏や石神の信仰が出てきたわけで、石造工芸は単なる石の造型ではなかったことを、ここで確認しておく必要がある。

四　アニミズムと庶民信仰

石に神の魂がこもっているという信仰は、宗教学的にはアニミズムと呼ばれるが、日本人の庶民信仰には特にこれが強い。これを日本人の精神生活の原始性と卑下する必要は少しもない。むしろインテリ向きの文化は人間の精神を弱め、頽廃《たいはい》させるのであって、精神は素朴だけれども、知性は高いというのが日本人の特性だと私はおもっている。新年には家にも、道具にも、農機具にも、自動車にも注連《しめ》をかけて、人間とおなじに扱うアニミズムが、日本の農業や工業や商業の力強い精神的根底をなしているとおもう。

石に神の霊がこもっているとおなじく、死者の霊が宿っているという信仰は、石塔を拝むという宗教行為につながる。西洋の墓のように石碑を死者の記念物《メモリアル》とするのではなく、日本では拝む対象とする。したがってこれは石碑（石の記念物）と呼ぶよりは、石塔と呼ぶべきであろう。

アニミズムでは石にはいろいろの神や霊が宿るが、下野《しもつけ》の那須野ヶ原（現栃木県）の殺生石《せっしょうせき》などは狐または悪霊の宿る石として、物語や芝居になった。私がさきにのべた磐座《いわくら》という信仰も、神の御魂のこもる前は死者の霊の宿る石だったかもしれない。これを考えさせるのは大和の三輪山の磐座や磐境《いわさか》であるが、あの山辺《やまのべ》の道の東にそびえる秀麗な三輪山は、一般に誤解されている。これは神体山と呼ばれ、拝殿のみあって御本殿がないのはそのためだと説明される。しかし三輪山は一般の人が入ってはならぬ禁足山であったが、これを神体山だからだとしたのは寛文六年（一六六六）の寺社奉行裁許定書であって、必ずしも信仰をあらわしたものではない。私はここが禁足地になったのは、この裁許定書にある「むくろが谷」のような葬地があったためと考えている（拙稿「大和三輪山の山岳信仰」『近畿霊山と修験道』山岳宗教史研究叢書11、名著出版、一九七八年）。

そうすると、この三輪山の山中に多い磐座や磐境が問題になるが、磐座はたいてい一つの自然石を崇拝対象にするものであり、磐境は数個の自然石の組み合わせを崇拝する場合を指す。三輪山には巨石の磐座も多数あるが、西麓の山ノ神と呼ばれる所の遺跡には、多数の磐境が散在している。そこで数個の石を組み合わせた磐境を、古墳と見るか祭祀《さいし》遺跡と見るかで、考古学者の論争があった。高橋健自氏は大胆に古墳説をとり、樋口清之、森本六爾、大場磐雄氏等は祭祀遺跡説をとった。しかし祭祀といっても古代では死者の霊をまつることも祭祀で、冠婚葬祭の「葬祭」は死者を葬ったり、その霊をまつる（供養する）ことを指している。したがって山ノ神遺跡から発見された遺物は、どちらにでもとれるのである。大場氏はその論考の中で「本社が古来三輪山を御神体として社殿を設けない特殊の制を有する点に於て、神祇《じんぎ》史上特に重きをなしている事も亦《また》余りに顕著な事例に属する」という先入観をもって論じており、また「如上の品々（遺物）は何《いず》れも原始時代遺物の一に属し、古墳内より発見せらる物も多く存している。しかしながら三輪山は古来最も神聖な神奈備《かんなび》とせられ、古くは全山を禁足地として厳かにタブーとされた霊山であったから、その中に墳墓の築造を見ることは殆《ほと》んど不可能と言うべきである」と、先入観によって断定する（同氏「上代祭祀址と其の遺物に就いて」『神道考古学論攷』一九四三年）。

しかしあとで述べる数個の石を円形に組み合わせるストーンサークル（環状列石）も今は墳墓と考えられている。三輪山中に「むくろが谷」があれば、そこに葬られた遺骨を磐境の下に改葬したり、遺骨なしに霊魂だけを移葬祭祀することは十分にあり得る。これは両墓制という日本独特の葬法から考えて、高野山に納骨したり、納骨しないでも供養するように、祭祀がおこなわれたと推定される。そうするとその磐境には死者の霊が宿ると信じられ、崇拝の対象になる。この数個の石の組み合わせは、やがて仏教が入ると、その教理にしたがって三重、五重、七重の石造層塔になったり、五輪塔や宝篋印塔《ほうきょういんとう》になったりする。それでも依然としてこれらの石塔は、死者の霊のこもれる石として礼拝されるのである。

石仏や石塔を仏教の経典や儀軌《ぎき》、図像で説明するのが、従来の石造美術史家の常套《じょうとう》手段であった。そしてそれは仏舎利《ぶっしゃり》を入れたストゥーパを模したものだとか、大日如来の五輪五大だとかいうのであるが、それでは何故に凡夫の死者の霊として戒名を彫り、香華を供えるのであろうか。これに対して宗教民俗学は石に神や死者の霊魂が宿るという日本人のきわめて原始的な霊魂観念やアニミズムを庶民信仰から説明することができる。従来の仏教美術や石造美術はその形態だけを説明したけれども、その信仰内容まで入ることができなかった。それは庶民信仰やアニミズムなどは未開、野蛮な信仰として賤しむ、恰好のいいエリートインテリに、この学問が委されていたからであった。しかし多くの宗教現象は庶民信仰を無視しては、何も分からない段階にきている。葬式の問題も供養の問題も墓も石塔もである。また仏教や神道の年中行事や法会、神事、あるいは神社、寺院の成立やその縁起、伝説なども、みな庶民信仰をもとにしてできたものばかりである。

私がここに述べるところは、今までの常識と食い違うところが多いかもしれない。しかし実は、今までの常識が背伸びをしていたのであって、虚心に見ると庶民のための常識は別なところにあったことに気付き、改めて自分の足許《あしもと》を見廻すことになるとおもう。それでもう少し自然石崇拝の磐座、磐境のいろいろな事例を述べておきたい。

五　自然石と仏像

自然石崇拝ではその石の形が異常であったり、仏や神や動物に似ていたりするので、崇拝の対象になることが多い。近ごろ京都大原の奥の古知谷《こちだに》で、阿弥陀如来の座像に似た形が浮き上がって見えるという岩壁の写真を見せてもらった。なるほど平凡な岩壁に、そう言われればそうと見える形が浮き上がっており、光線の具合ではもう少しはっきりするであろう。これを礼拝していた行者は、阿弥陀如来に激しく憬《あこが》れていたので、平凡な岩壁の自然の凹凸に、阿弥陀如来を見つけたのである。

　大原の古知谷は三千院のある勝林院町から一キロほど奥で、阿弥陀寺がある。三千院は貴族的な風格の寺で、美術と観光のメッカであるが、阿弥陀寺は庶民信仰のメッカである。ここには弾誓《たんせい》上人（天文二十一年〈一五五二〉—慶長十八年〈一六一三〉）の入定窟《にゅうじょうくつ》があって、その窟《いわや》の中の石棺《せっかん》には上人のミイラがあるなどといわれ、観光に訪れるミイハア族から薄気味悪いと敬遠されるのであろうか、紅葉の時のほかはあまり人が近づかない。しかし弾誓の宗教は、庶民仏教の歴史があきらかになるにつれて、真面目に宗教を求める人や、日本文化の原点を探ろうとする人々を引き付けるだろうとおもう。その意味で将来は庶民信仰のメッカとして栄えていくであろうが、実は弾誓上人がここに住んだ慶長十三年（一六〇八）から慶長十八年までは、その高徳を慕って京都から参詣に来る男女が、貴賤を問わず後を絶たなかったといわれる。しかしその信仰の中心にあるのが阿弥陀如来と即身成仏という不思議な宗教であった。

このように私が言うと、弥陀信仰は浄土宗や浄土真宗のもので、即身成仏は真言宗ではないかと言われるかもしれない。ところが庶民信仰というものは、来世も現世も双方ともに幸福になる道を求める。それにはこの身このまま阿弥陀如来に成仏すればいいのであって、弾誓上人は激しい洞窟修行の末、自分が阿弥陀如来になった自覚を得た。そしてそれから自分の名を「十方西清王《さいしょうおう》法国光明満正《まんしょう》弾誓阿弥陀仏」と名乗った。このように人間が神になったり仏になったりするのは、現人神《あらひとがみ》崇拝というもので、自然石崇拝と同じく庶民信仰の根底にあるものである。日本人の天皇崇拝も、巫覡崇拝《シャーマニズム》もここから出ており、人間を「生き神」「生き仏」として、現世の幸福も来世の幸福もまかせ切ってしまう。

このような絶対帰依の感情を、聖なる動物に対しても聖なる木や石に対しても起こし得るのが、日本人の庶民信仰なのである。これに対して低級な宗教であるという評価はできないのであって、葬式をしたり墓をつくり石塔を建てたり、いまだに生きている弘法大師の霊場や札所を巡礼するというような、日常的な「宗教のない仏教」はこの庶民信仰から出ている。

古知谷には弾誓の弥陀・即身成仏の宗教を慕う修行者が集まったが、中でも弾誓の生まれ変わりといわれた澄禅《ちょうぜん》上人（承応元年〈一六五二〉―享保六年〈一七二一〉）

は、享保元年（一七一六）から古知谷に入り、山中の洞窟に庵室《あんしつ》を構えて、岩壁の自然石・阿弥陀如来を礼拝したという。弾誓も澄禅も普通の僧侶には考えられない苦行と精進と木食《もくじき》と窟籠《いわやごも》りの生涯を送ったことで有名である。このような修行者は、人間の造った伽藍や、人間の作った穀物や衣服、あるいは人間の手で彫った仏像まで拒否したのである。このような完全な自然主義と自然崇拝が、自然石崇拝として残ったものとおもわれる。弾誓や澄禅にとっては、自然の岩壁にほのかにあらわれた阿弥陀如来像こそ、真実の阿弥陀如来であり、人間が彫った阿弥陀像は偶像に過ぎないとおもったのであって、これは世界の宗教史にもめずらしい宗教形態である。信仰の対象に偶像を拝むのは普通であるし、偶像を否定する第二の宗教は、心の中に神や仏や浄土があるといって「唯心《ゆいしん》の弥陀、己心《こしん》の浄土」などという。これに対して第三の宗教は自然物そのものを信仰対象にするが、弾誓や澄禅は自然物に自然にあらわれた神仏の姿を真実の礼拝対象としたのである。

日本の仏教ではこの第三の宗教に属するのは山岳宗教の修験道である。したがって弾誓や澄禅の宗教は修験道と浄土教が結合した自然宗教である。修験道ではたとえば大峯奥駈《おくがけ》修行路で、仏生《ぶっしょう》ヶ岳（一八〇四メートル）と孔雀《くじゃく》岳との間の青不動という立石を拝む。はるか彼方の立石なので、私などにははっきりと不動明王とは見えないが、不動明王を行住座臥《ぎょうじゅうざが》に念じている山伏ならば、彫刻された不動明王像よりも、生きた不動明王に見えるのであろう。よく不動明王や蔵王権現《ざおうごんげん》や弥勒菩薩《みろくぼさつ》を感得するというのも、常に命がけで念ずる者には、自然石も神や仏に見えるということである。大峯修験道では釈迦《しゃか》ヶ岳（一七九九メートル）から前鬼の宿坊へ下る途中に、両《りょう》童子《どうじ》岩という二本の立石がある。これも見方によっては不動明王の脇侍、矜羯羅《こんがら》と制《せい》吒迦《たか》の両童子に見え、この二つの石の周りを抱きついて巡った上、その間を飛ぶ危険な行《ぎょう》がある。

まためずらしい事に『文徳《もんとく》天皇実録』（巻八）の斉衡《さいこう》三年（八五六）十二月二十九日の条に、常陸国《ひたちのくに》の海岸に神のごとく、仏のごとく、沙門《しゃもん》のごとき自然石が出現したという報告が出ており、これが大社としてまつられることになる。

常陸国上言す。鹿島郡大洗磯前《おほあらひいそさき》に神有りて新に降る。初め郡民、海を煑《に》て塩と為す者、夜半に海を望めば、光耀天に属《つづ》く。明日、両恠石《くわいせき》有り。見れば水次《みづたまり》に在り。高さ尺許り。体たるや神の造れるが如く、人間《じんかん》の石に非ず。塩翁私《ひそか》に之を異として去る。後一日して廿余の小石有り。向《さき》の石の左右に在り、侍坐するが若《ごと》きに似たり。彩色常に非ず。或は沙門に像《かたど》る。唯耳目無し。時に人に憑《つ》いて云ふ。我は是れ大奈《おほな》母知《もち》、少比古奈《すくなひこな》命なり。昔、此の国を造り訖《をは》り、去りて東海に往く。今、民を済《すく》はん為に、更に来り帰ると。

とあるのがそれで、この二つの石は『延喜式』（神名帳）では名神大社として大洗磯《おおあらいいそ》前《さき》薬師菩薩神社（鹿島郡）と酒列磯前《さかつらいそさき》薬師菩薩神社（那珂郡）としてまつられた。この両社は終戦までは国幣中社であったが、これを薬師菩薩神社としたのは、大己貴《おおなむち》神と少彦名《すくなひこな》神が人間に医薬の道を教えたとあることによったのであろう。そしてこのころ常陸国に疫病があったのを済わんがために、海の彼方からこの二神が来現したと信じられたのである。しかしその神が自然石の形で海岸に出現したとするところに、古代人の神と自然石の関係がうかがわれる。

六　護法石と託宣

昔、山岳宗教のあった寺にはよく護法石《ごほういし》という自然石が、寺庭の片隅にあり、説明の立札が立っている。多くは護法善神がその石の上に出現したという説明があるが、この護法善神というのは何であろうか。

護法とは、仏法を護るということで、高僧の開山がその寺を建てるとき、その山の山神が仏法を護ることを誓ったという縁起でまつられたものである。京都の鞍馬《くらま》寺などでは本堂の向かって右に閼伽井《あかい》護法善神社があるが、これはこの山を領していた二匹の大蛇のうち、雄蛇は開山の峰延《ぶえん》に退治され、雌蛇は助けられて山上の龍神池にまつられた。これが鞍馬竹伐会《たけきりえ》の縁起で、雌蛇はこの山に浄水を絶やさず山を護ることを誓ったので、閼伽井護法善神となった。すなわちこの護法は大蛇であるが、鞍馬山のもう一つの護法は奥之院の魔王尊《まおうそん》である。ここでは護法石とは言わない磐境《いわさか》があって、鞍馬の山神をまつったものとおもわれ、鬼または天狗として庶民信仰を集めている。いわゆる鞍馬天狗であるが、全国の山の護法は大部分、天狗か鬼である。

特に天狗は飛ぶことができると信じられているので、山岳信仰の一部をなす、飛行《ひぎょう》する神仙信仰と結合しやすかった。それで護法といえば天狗であることが多い。したがって「天狗の休み石」といわれる石が護法石になる。この天狗は開山の高僧に服属して、その従者（童子）となったということから、金剛童子とも呼ばれ、近世の彫刻僧円空などは護法神とも金剛神ともいわれる忿怒《ふんぬ》尊をたくさん彫っている。

ところでこの天狗の護法神はよく託宣《たくせん》をすると信じられており、その託宣を聞くための「護法飛《ごほうとび》」という行事が、岡山県久米郡の山間部に残っている。このとき護法石というものが機能を発揮するので、日本の自然石崇拝の一側面として、その行事を述べておこう。「護法飛」と類似の行事は、修験道のあった山岳寺院ならばどこにでもあったものとおもわれるが、それがこの美作《みまさか》の一部にしか残っていないので、日本宗教民俗学の資料としてきわめて貴重である。

美作の「護法飛」は旧暦のお盆前後におこなわれる。私はこれは七月十五日の行事であったと推定し、この日は修験道では山伏が夏の入峰《にゅうぶ》修行九十日が終わって、山から出峰《しゅつぶ》する日である。この日に山伏の「験競《げんくらべ》」という修行によって得た験力《げんりき》の試験がある。この試験にはその山の護法天狗が山伏に憑《つ》いていかに飛ぶことができるかを競うが、実際に護法が憑けば、未来を予見する託宣が可能になると信じられたのであろう。しかもその託宣が護法石の上でおこなわれるのである。

美作の「護法飛」行事には内外の研究者が多数見学に訪れるけれども、これを山伏の「験競」や託宣行事としてとらえる者がなかった。これは主催寺院が行事の意味を忘れ、護法天狗の憑く護法実《ごほうざね》（もとは修行の山伏）も託宣能力を失ったためであるが、最近の修験道史研究の発展で、行事の構造も意味も明らかにされるようになった。私は幸いに昭和三十一年にその託宣の現場を目撃することができたので、早くから験競託宣説を述べてきた。そしてこの説を決定的にするのが、護法石の存在なのである。

「護法飛」は両山寺《りょうさんじ》（中央町）、清水寺《せいすいじ》（久米南町）、仏教寺（同上）、和田北八幡などでおこなわれるが、護法は奥之院にあたる護法社にまつられており、護法実は三十日の潔斎をして、「護法飛」に臨《のぞ》む。夕方から本堂内で多数の山伏が護法実を取り囲んで、「護法憑け」の祈禱がおこなわれる。錫杖《しゃくじょう》を振り法螺貝《ほらがい》を吹き太鼓を打ちながら、般若心経と不動真言を唱えていると、護法が憑いて堂外へ飛び出す。このとき介添え二人が左右から引っ張っていないと、護法の憑いた護法実は遠方の杉へ飛んで行ってしまうと信じられている。護法は寺の庭を自由自在に走りまわるが、そのうち庭の中にある護法石に腰を下ろして休む。両山寺の場合は護法石は二つあり、護法が休めば山伏が取り囲んで一心不乱に錫杖を振りながら、般若心経と真言を唱える。そうしないと憑いた護法が落ちてしまうからだといっている。しかし実際にはこの間に託宣がおこなわれるのである。

護法石（岡山県、両山寺）

この種の託宣行事で伺いを立てて託宣を引き出すのは、多く山伏の先達である。そのときは護法実は「中座《なかざ》」または「幣台《へいだい》」もしくは「憑童《よりわら》」で、先達は「前座」「大夫」などと呼ばれる。しかし両山寺の護法飛で伺いを立てるのは、心配事のある一般人であった。このとき護法は神となって護法石に乗っているので、護法石は影向石《ようごういし》と同じである。したがってさきに述べた京都上賀茂神社の影向石の上で宮司が返祝詞《かえしのりと》をいうのは、もとは神の託宣を伝えた時代があることを示すものであろう。すなわち自然石の護法石にも影向石にも、神の霊が籠っているというのが日本人の原始信仰である。この自然石に悪霊が籠っているということもあって、これは「殺生石」の伝説になった。

七　殺生石と櫃石

石に魂があるということは、原始宗教のアニミズムだと宗教学者は簡単に片付けるけれども、現代でも石を崇拝する感情は消えていない。しかし現代では石に仏像や神像を彫って、地蔵菩薩とか道祖神とかを表現して崇拝する。ということは石に地蔵菩薩や道祖神の霊力が籠ることを認めていることになる。そうでないと石仏や石神は単なる物、または偶像にすぎない。また石を石塔に刻んで拝むのも、石に先祖の霊が宿っていないなら、手を合わせるのはおかしなことである。

石には霊が籠るけれども、霊には良い霊もあれば悪い霊もある。それで良い霊が籠るように仏や神の像《かたち》を彫り、六字名号を彫り、大日如来のシンボルとされる五輪塔を刻んだりする。しかし原始宗教では神は恐るべき力を持った超自然、超人間的存在であったので、畏《おそ》れ多いものと考えられた。この原始的神観念は二つに分かれて、愛と慈悲の神や仏と、怒りと恐怖の神や仏になったのである。不動明王は大日如来の教令輪身《りょうりんじん》（信仰のない者を威嚇して信仰させる姿）とされ、大日如来と同体の仏といわれるのは、この神観念の二面性を示すよい例である。日本の神道でも、神に和魂《にぎみたま》と荒《あら》魂《みたま》があるというのは、この意味である。

下野《しもつけ》の那須野ヶ原（現栃木県）には有名な殺生石がある。活火山の那須岳から噴出される亜硫酸ガスのために、鳥や蝶《ちょう》や昆虫がこの石の上で死んだからだと説明されているが、これを昔の人の信仰では、悪神の霊が宿っているためと信じられた。その悪神は九尾の狐《きつね》で、変化化生《へんげけしょう》のものという伝説から、玉藻《たまも》の前の物語が生まれた。鳥羽の院の寵愛《ちょうあい》する美人・玉藻の前が悪魔の化身であったというような筋書きは、院政時代には権力争いや荘園争奪から、後宮に陰謀が渦巻いていたところから言い出されたことであろう。そのようなとき悪魔の正体を顕《あら》わして、デマ宣伝の片棒をかつぐのは、たいてい「御幣かつぎ」の陰陽師《おんみようじ》であった。美人の裾から狐の尻尾《しつぽ》が見えたなどと言い出したのが、謡曲『殺生石』の陰陽師、安倍泰成《あべのやすなり》であったろうとおもう。

安倍の泰成占つて、勘状《かんじやう》に申すやう。これはひとへに玉藻の前が所為《せゐ》なりや、王法を傾けんと、化生《けしやう》して来りたり。調伏の祭あるべしと奏すれば、たちまちに叡慮《えいりよ》もかはり引きかへて、玉藻化生を本の身に、那須野の草の露と、消えし跡はこれ（殺生石）なり。

とあり、那須野ヶ原に来合わせた行雲流水の禅僧・源翁《げんのう》（玄翁）は、この石を成仏させたという。このとき仏教では「草木国土悉皆《しつかい》成仏」というから、この石も成仏するだろうというのは仏教の勝手な理屈であって、日本人の固有信仰では石には本来霊魂があるのだから、これは神にも仏にもなると信じていたのである。それでこそ、石仏も石神も石塔も意味がある。

其の古《いにしへ》は玉藻の前、今は那須野の殺生石、その石魂《せきこん》にて候ふなり。（中略）木石心なしとは申せども、草木国土悉皆成仏と聞く時は、本より仏体（仏性か）具足せり。況《いは》んや衣鉢を授くるならば、成仏　疑《うたがひ》あるべからずと、花を手向け焼香し、石面に向つて仏事をなす。汝元来殺生石。問ふ石霊《せきれい》、何《いづ》れの処より来り、今生《こんじやう》かくの如くなる。急々に去れ去れ。自今以後汝を成仏せしめ、仏体真如の善身となさん。摂取せよ。

と引導をわたすと、石は二つに割れて野干《やかん》（狐）の形の石魂が現れて、消え去ったとある。石を割る金鎚《かなづち》を玄翁《げんのう》というのはこの由来だというが、石に霊が籠るというアニミズムがあってはじめて、この伝説や謡曲は意味を持つであろう。

また『槻峰寺《つきみねでら》建立修行縁起』（新修日本絵巻物全集別巻Ⅰ、角川書店、一九八〇年）には、天狗が封じ込められた櫃石《ひついし》というものが出ている。この絵巻物は室町時代中期の明応四年（一四九五）に制作されたが、戦後海外流出して現在ワシントンのフリーア美術館にある。縁起は摂津と丹波の境にある剣尾山《けんびさん》に、光を放つ槻《つき》の一大巨木があって、大坂湾の船の目印になっていたので、この山を槻峰（月峰）とよんだ。聖徳太子はこれを聞いて、ここに一寺を建立しようとおもい、日羅《にちら》に命じて槻を伐ってその上に御堂を建て本尊を安置した。しかしこの山の天狗が障礙《しようがい》をなすため、山頂の石の中に封じ込めたのが櫃石だという。

私もこの絵巻をワシントンで見てから、この槻峰に登りたいとおもい、昭和五十四年に目的を達することができた。現在の月峰寺（真言宗）はこの山の麓に下りてしまったが、山上にはその礎石や塔跡などの遺址が多数のこされていた。そして驚いたことには頂上に自然石の巨石群があって、その中には絵巻物の絵とそっくりの櫃石があった。長方形の長持形の石だから、このような名と伝説を生じたのであろう。しかしこれを櫃に見立てて、天狗を封じたとする物語の発想には、石に神や霊の魂が籠るという原始信仰がベースにあることはうたがいない。元来、天狗というものは、現在の宗教民俗学の結論では、山の神の化身である。したがって山頂の不思議な自然石には、この山の山の神が宿っているという信仰がある。ところが中世以降、天狗や鬼を悪者とする思想ができるようになると、これを高僧が封じ込めたという物語に変化する。原始神道ではこのような巨石群を磐境《いわさか》とか磐座《いわくら》（石蔵）というが、これもその石の中に神の霊が籠っているという意味である。これがもう一段古い庶民信仰（民俗信仰）の段階では、霊威をもった鬼や天狗の宿るところとされていたのである。

八　石神と小石の成長

『槻峰寺建立修行縁起』の櫃石のような大きな石でなくとも、自然石の手に持てるぐらいの棒石や丸石を祠《ほこら》にまつって、石神《いしかみ》、シャグジ、サグジ、シャグジン、社宮司、シャモジ、オシ、ヤモジサンなどと、その他いろいろの名でよぶ例は多い。この石神の問題は、日本の庶民信仰の根源を示すものなので、明治四十年ごろ郷土史家の関心をあつめた。これは柳田国男翁と山中笑《えむ》翁を中心に、喜田貞吉、白鳥庫吉《くらきち》、佐々木繁などの諸氏の間に、手紙で問答が交わされ、『石神《いしがみ》問答』（一九一〇年刊、のち『定本柳田国男集』第十二巻、筑摩書房）となって、日本民俗学の草分けとされている。すなわち日本民俗学は「石の崇拝」という問題から出発したといっても過言ではない。

このことは石が日本人の宗教生活にとってきわめて重要な位置を占めていたことを示すものである。この中には加工された石棒や塞《さい》の神、道祖神、石敢当《せきかんとう》のようなものもあるが、甲斐のあたりの道祖神は自然の丸石であることはよく知られている。石神もシャグジンも読み方のちがいだけで、石を神として崇拝することは共通している。オシャモジサマというのはオシャグジサマ（御石神様）の訛《なま》りであろうけれども、とくに女にとって御利益のある神のようになったのは、縁結び、男女和合が石神の一つの属性だからであった。

それは小石を産神《うぶがみ》といって産屋《うぶや》におき、出産児のウブメシの膳にはこの小石をのせることでわかるように、小石は家の神の御神体であった。したがって家が繁昌するように出産と出産児の守り神となり、女のまつる神となった。この石は川原からきれいな小石を拾ってくることが多く、ウブイシとかイシノオカズ、アタマイシなどとよばれる。ウブイシは産神様の御本尊という所もあり、御神体である。イシノオカズは産児の歯が固くなるように祈る意味だと説明され、アタマイシも産児の頭が固まるようにという説明になっているが、これは常識化された解釈で、本来は「家の神」の御神体であった。

ウブイシは「喰《く》い初《ぞ》め」のウブメシがすめば、「家の神」である屋敷神の祠《ほこら》の下に納めるのが常である。したがって祠の下の石を数えれば、その家の古さがわかるともいう。このような祠が村や集落の共通の信仰対象になれば、石神または、社宮司といわれ、オシャモジサマともいわれて、子供の夜泣きの神や百日咳《ぜき》の神、耳だれの神、疣《いぼ》の神など、きわめて庶民的な信仰の神になる。

これとおなじように、観音堂の祭に川原から小石を取ってきて本尊の前にまつり、祭がすめばお堂の縁の下に納める所がある。私の知っているのは奥三河（愛知県）の北設楽《きたしたら》郡設楽町田峯《だみね》の観音堂で、旧正月十七日（現在は二月十一日）に有名な田峯田楽をともなうお祭がある。私はこれを村共同祈願の修正会《しゅしょうえ》（おこない）と考えているが、もとはこの村を開発した草分け百姓の、正月の先祖祭（氏神祭、屋敷神祭）であったろうとおもう。その家の先祖をまつる観音堂が村共有の堂となって、修正会がおこなわれるけれども、川原石はその先祖の「おみたま」（御霊代）としてまつられたのである。この石は当番の「加用」という役の者が拾って、川柳《かわやなぎ》の三ツ股になった枝に挟んで苞《つと》のように結び、人の手でけがれないように持つ。これを本尊の前において祭をするのは、この石をまつる祭であることをあらわしている。したがってこの石は石神とおなじことである。

おなじような川原石をまつるのは、有名な東大寺のお水取りである。これは正確には修二会《しゅにえ》法要というもので、修正会を二月にもう一度くりかえすので、内容は修正会とほぼおなじとおもえばよい。このお水取りの最後に、東大寺二月堂（十一面観音堂）の守護神である遠敷《おにゅう》明神と飯道《いいみち》明神に、お供物をさしあげる「神供《じんぐ》」がある。このお供物には奥三河田峯観音堂とおなじ川原石を川柳の枝に挟んだ苞がかざられる。この石は夷川《えびすがわ》の上流で拾うのだというが、遠敷、飯道の神の御神体としてまつった時代があるであろう。

自然石を石神としてまつるのは、自然の木の枝をヒモロギとしてまつるのとおなじく、もっとも原始的なまつり方である。東大寺お水取りのとき、若狭の国からお水送りをする神社があるが、これは小浜市の山間部の音無川の川原にある白石《しらいし》神社で、これも川原石をまつったのだろうとおもわれる。

このようにしてまつられる石は成長するという信仰がある。石を霊のあるものとする信仰の極致であって、わが国の国歌はそれをあらわしている。「君が代」は『古今和歌集』（巻七）の、

わが君は　千代に八千代に　さざれ石の
　いはほとなりて　こけのむすまで

が元歌になり、明治十三年に宮内省雅楽課の林広守の作曲で唱《うた》われるようになった。この歌は生命の永遠性を祝福する歌とされるけれども、小石が成長するという発想には、やはり日本人の石の崇拝が背後にあるといわなければならない。石に生命がある以上は、成長することは当然という考え方があったのであろう。しかもこれだけなら

ば単なる譬喩《ひゆ》ですまされようが、実は熊野比丘尼《びくに》の袂石《たもといし》が成長したという石は方々にある。熊野信仰の伝播《でんぱ》は熊野比丘尼が熊野神の神体という小石を持って遊行《ゆぎよう》し、その石のお告げで有縁の地にまつったことにはじまるという社は多い。たとえば美濃郡上《ぐじよう》郡美並《みなみ》村の杉原《すいばら》にある熊野神社には、「弥勒《みろく》石」という人間の背丈ぐらいの自然石がある。これは比丘尼の袂石であったといい、また比丘尼の杖が成長したという杖立杉もある。樹齢八百年ぐらいの杉なので、この神社の歴史も想像がつく。しかし八百年で袂石が弥勒石になるはずはない。しかもなおこの伝説が語られるというのは、日本人の信仰の問題であって科学や常識の問題ではないのである。

第二章　行道岩

一　室戸岬の不動岩と行道

自然石崇拝には独立自然石崇拝と複数自然石崇拝の二つがあるが、独立自然石崇拝で最近私の研究であきらかになったことを述べておこう。

自然石の中で特別の形をしているとか、山頂などの目立った位置にあるとか、聖地の中にあるとかすれば、崇拝の対象になるのは当然である。東北の名山・月山《がっさん》は羽黒山《はぐろさん》、湯殿山《ゆどのさん》と合わせて出羽三山《でわさんざん》といわれ、大修験集団が信仰対象にした山である。その七合目あたりを崖をつたわって降りると「お浜池」という神秘的な沼があり、そのほとりに立つ「東普陀落《ひがしふだらく》」といわれる立石は、巨大な男根形をしている。そして多くの行者の参詣旗が立っている。これに対する「西普陀落」というのは女根形だそうであるが、ほとんど人が近づかないので、危険だというから私は実見しなかった。また

湯殿山の神体石といって聖域の中心に鎮座する自然石は、その形を語ってはならぬというタブーがある。芭蕉もここに、

かたられぬ　湯殿にぬらす　袂《たもと》かな

の句をのこしているが、赤い湯の噴出はその形の穴から出る。二十年ほど前までは女人禁制の聖域であったが、十年ほど前に行ったときはその禁も解けていた。しかし連れて行った女子学生は目をそむけるほどであった。

このように形状だけで崇拝対象になったとおもわれる自然石でも、それをどのようにしてまつったか、という崇拝の方法についてはあきらかでない。その石の前に供物《くもつ》をささげて、祝詞《のりと》を読んだのか、その石の上に上がって祈ったのか、その石のまわりを巡ったのか。そのような崇拝の方法が何であったかに、今まで誰も気付かなかったのは迂闊《うかつ》であった。

「海の正倉院」といわれる沖ノ島などは、何かその手掛かりが得られそうであるが、考古学者は遺物のほかは宗教儀礼にはあまり関心がないらしい。しかし私は最近自然石を巡るという崇拝の方法があることに気付き、各所でその痕跡と可能性の存在をつ

きとめることができた。

これに気付いたのは巡礼の研究からであって、巡礼の原点が聖なる物や山を巡ることにあるということがわかったからである。われわれは巡礼といえば、西国や坂東の三十三ヵ所観音霊場を巡ることとおもい、四国の八十八ヵ所の札所を巡ることとばかりおもっていた。ところが霊場には聖なる石や山や島や滝があって、それを巡ったのではないかと考えられるようになった。なぜかといえばイスラーム教徒はメッカのカーバの聖なる石を巡るのであるし、カトリックの聖地では山や教会や「受難《パッシヨン》の道」を巡るからである。イングランドやアイルランドでも一つの島や教会の庭を巡るのが見られた。

この目で見ると日本でも、いろいろの霊場に「巡る宗教」の存在が確かめられるのである。しかしそれを述べるのはわずらわしいので、自然石を巡る例を少しだけあげておこうとおもう。まず四国八十八ヵ所霊場は、『今昔物語集』（巻三十一第十四話）や『梁塵秘抄《りようじんひしよう》』に「四国ノ辺路《へじ》」といわれた海辺の修行路であったが、その各所に自然石を巡る修行があったことがわかってきた。このように巡ることを「行道《ぎようどう》」というので、八十八ヵ所の第二十六番札所にあたる室戸西寺《にしでら》の金剛頂寺のあるあたりの行当《ぎようとう》岬は、もと行道《ぎようどう》岬であったと推定できる段階になった。そして行当岬の海岸にある高さ一五メートル、周囲四〇メートルぐらいの独立した巨巌は、「行道岩」である可能性が出てきた。この巨巌はいま「不動岩」とよばれているが、すぐ東に最近まで数戸の「行道」という村があったことを、私は確かめたからである。現在は国道の拡張のために人家はなくなり、ドライブ・インだけになっても、地図の上には「行道」の地名がのこっている。これはこの不動岩が「行道岩」だったことを立証するもので、私はその詳細をしらべるために、昭和五十五年八月実地踏査をした。この岩には南向きの二つの洞窟があり、その東側の方には虚空蔵菩薩《こくうぞうぼさつ》がまつられ、西側の洞窟には浪切《なみきり》不動尊がまつられていた。そしてこの不動岩を北に通り抜ける「胎内潜《くぐ》り」のような穴（石を詰めて穴を閉ざしてあった）を発見したので、これを行道路として、この巌を巡る行道ができることがわかった。またこの巌の上に登って巡る道の跡も発見できたので、この巌には上行道と下行道の二つの行道があったものと推定できる。

　行当岬の不動岩（推定行道岩）の行道がいつまであったかはわからない。この巨巌には海岸に多いウバメガシが群生しており、足もとを太平洋の怒濤《どとう》に洗わせながら、千古の謎を秘めて静まりかえっている。私は昭和五十年にここを車で走り抜けたとき、地図上の「行当岬」と「行道」を見てこのことを予測したのであるが、これを実地踏査で確かめてみると、私の歴史家としての予感はなお千古の謎に向かってひろが

空海修行の「みくろ洞」（高知県室戸市）

ってゆく。それは青年時代の弘法大師空海も、この巌で行道をしたのではないか、というおもいである。
　現在は室戸岬には札所寺院が三ヵ寺あるが、もとは東寺《ひがしでら》の最御《ほつみ》崎寺《さきじ》と西寺の金剛頂寺の二ヵ寺であったろう。室戸岬灯台のある先端だけが室戸岬ではなくて、行当岬もふくめて空海の『三教指帰《さんごうしいき》』にいう室戸岬であったとおもわれる。これは西寺が金剛界の寺であれば、東寺は胎蔵界の寺であったはずだからである。
　そうすると空海が室戸岬で「虚空蔵求聞持《ぐもんじ》法《ほう》」を修めたと『三教指帰』にいうのは、東寺の下の「みくろ洞」だけでなく、この不動岩との間を行道修行したのではないかとおもわれてくる。その痕跡が不動岩東洞窟の虚空蔵祠《し》であって、ここが東寺の管理下にあった（納札でわかる）のも、その因縁によるのであろう。このような推定から、不動岩の行道路は空海の足跡でもあるだろうとおもえてくるのである。

二　熊野辺路と大峯山の行道岩

室戸岬の行当岬の不動岩は、海の中に風波にたえて、毅然として立つ聖なる自然石である。したがって波を静める神霊の宿る岩とされたために、これを巡りながら礼拝する行道がおこなわれたものとおもう。それが仏教とともに波を静める浪切不動に置き換えられて、不動岩とよばれるようになったのであろう。これとほぼおなじような海岸の巨巌は、熊野の海岸にもあることがわかってきた。その一つは熊野川の河口の東側にある梶鼻《かじはな》とよばれる自然石で、これもウバメガシやトベラが群生し、南に向いた洞窟がある。波濤《はとう》が激しければ洗われるような洞窟であるが、なにものかが住んだ生活の跡があった。実はこの梶鼻には「梶鼻王子」という熊野王子社があったという。ところが風波が激しいというので、今は山の中に移してまつっている。そして梶鼻という地名ももとは「加持鼻《かじはな》」で、行者が加持をする岬であったらしい。鼻というのは岬のことである。

私は『今昔物語集』が「辺地《へじ》（辺路）ト云ハ（中略）海辺ノ廻《めぐり》也」といった「辺路」が、熊野にあることは古くから知っていた。それは口熊野といわれる田辺から海辺に沿うて那智・新宮にいたる「大辺路《おおへじ》」である。別に田辺から山中深く分け入る「中辺路《なかへじ》」があるのに、どうしてほとんど不用にちかい海辺の大辺路が存在したのか、いぶかしくおもいながら確かめようとしなかった。しかし「四国ノ辺地（辺路）」がわかってくると、熊野の大辺路も「巡礼路」として大きな意味を持ってくる。

このことから熊野三山を巡る熊野詣《もうで》とは別に、海辺を巡る「辺路巡礼」があり、これは今も西国観音三十三ヵ所巡礼の、第一番札所那智山青岸渡寺《せいがんとじ》から第二番札所紀三《きみ》井山《いざん》金剛宝寺にいたる巡礼路につかわれている。かつては中辺路から本宮へ入って、新宮へ出て那智へ廻るのが正道とおもわれていたが、それより古く「海辺ノ廻」の大辺路のある意味がわかったのである。

ところが熊野川の東に梶鼻王子が見つかり、熊野三山巡りとは別の海辺のルートのあったことがわかると、これから伊勢へ向けて「海辺ノ廻」大辺路が続いていたことが予測される。そしてそれは三重県側の熊野市の古文書や伝承で確かめられるようになった。私は記紀神話に出る伊弉冉《いざなみ》尊の陵という「花ノ窟《いわや》」に興味を持っていたが、ここに「王子の窟」があるのは、やはり大辺路の王子とおもわれる。この花ノ窟の頂上には「巡り行道」のできる岩がある。またその海岸には阿吽《あうん》の二つの獅子《しし》岩が海に突き出しているが、これも危険を冒せば「巡り行道」ができる。また有名な名勝である「鬼ヶ城」も、洞窟を多数持った奇巌で、海辺の道と中腹の道とによって、一周二キロメートルほどの「巡り行道」ができる。平安時代の紀行である『いほぬし』を書いた増基《ぞうき》法師が、花の岩屋から四十九院の岩屋に出たといっているのは、ここであろう。そしてこれを四十九院の岩屋といったのは、四十九の洞窟を巡る行道があったためであろうと

「花ノ窟」頂上の岩（三重県熊野市）

おもう。

このように見てくると、能登半島にも「辺路《へじ》」があったことが推定され、平安末期の『梁塵秘抄』には「四国の辺路」の今様《いまよう》とともに、

我等が修行に出でし時、珠洲《すず》（能登）の岬をかいさはり、打廻り、振棄てて、一人越路の旅に出でて、足打せしこそあはれなりしか

の今様がある。岬の巌に抱きつきながら巡ったものとおもわれる。

ところが「巡り行道」の典型的な岩は、修験道の聖地大峯山上ヶ岳《おおみねさんじょうたけ》の裏行場にもある。今は「平等岩《びょうどういわ》」とよばれているが、もと「行道岩《ぎょうどういわ》」であったことは、いろいろの証拠で私も何回か書いたことがある。この岩は断崖の上に瘤《こぶ》のように突き出した岩で、大人五抱えぐらいのあまり大きくない岩である。女人禁制の山上ヶ岳の表行場と裏行場を、先達に案内されてまわると、最後に平等岩に出て、これに抱きついて廻る。小さな窪みに爪先《つまさき》をかけるが、下は目のくるめくような谷底である。踏み外して手を離せば、奈落《ならく》の底に落ちてゆくことは必定である。その恐ろしさの中で極度の精神的緊張を体験し、死生一如を悟ることが修行である。したがって山伏は危険の多い

行道岩にこそ、生命をかけて挑んだものとおもう。

われわれは平等岩を無事巡ると、不動石像の前で次のような山伏の秘歌を先達について唱える。

平等岩　めぐりて見れば　阿古《あこ》滝の
　捨つる命も　不動くりから

これは平等岩の下の谷は阿古谷というが、ここで命を捨てるつもりで平等岩を巡れば、不動明王と一体化することができる、という意味である。そしてこれをもう一歩すすめて読めば、平等岩の巡り行道で阿古谷に命を捨てても、不動明王と一体になるという山伏の信仰と哲学が感じとれるであろう。ところがこれは事実だったのであって、平安時代初期には「捨身谿《しゃしんだに》」とよばれて、ここから自ら谷へ捨身する者があったところである。その踏み台になったのが平等岩であったとおもう。

どうして山伏は自らの意志で捨身するかといえば、自らの犯した罪と世間の人びとの犯した罪穢《つみけが》れを一身に背負って死ぬ、という代受苦滅罪の思想がある。そうすればその山伏の精神は永遠の生命を獲得して、いつまでも衆生を済度することができるという思想である。湯殿山の即身仏や、その他の土中入定者《どちゅうにゅうじょうしゃ》もおなじ思想であったろう。

大峯山上ヶ岳の平等岩下の阿古谷が捨身谿とよばれたことは、鎌倉時代の『古今著聞集《ここんちょもんじゅう》』（巻二）に出ているが、その出典としてあげた『吏部王記《りぶおうき》』は十世紀の日記なので、この名称はすくなくとも平安初期九世紀のものである。そしてここに捨身した稚児童子の話は、奈良時代以前のこととされている。ともあれ、そのような自然石崇拝には、これを巡るという礼拝の方法があったことを知るのである。

三　伊吹山の行道岩僧

伊吹山は美濃《みの》と近江《おうみ》にまたがる名山で、平安時代には七高山の一つであった。七高山というのは、平安初期に国家的な祈禱《きとう》を依頼される名誉ある山で、その祈禱者は「七高山阿闍梨《あじゃり》」という称号をゆるされた。伊吹山ではこの阿闍梨になるための修行に行道岩の行《ぎょう》があった。

伊吹山は名山といっても一三七七メートルの中山級の山で、昔からあまり木も生えない岩山であった。これは北西季節風の通路にあたり、風と雪がはげしいためである。今も雪によわい新幹線の異名があるのも、伊吹山の雪のためで、他所に雪がなくとも、不思議に伊吹山麓には深雪がある。これは古代でもおなじだったらしく、『日本書紀』(景行《けいこう》天皇巻)では、日本武尊《やまとたけるのみこと》がこの山で雲霧と氷雪のために遭難し、それが原因で薨《こう》じたと書かれている。これを古代人は山の神の怒りと解した。

時に山神、雲を興《おこ》し、氷《ひ》を零《ふ》らし、峰霧《きり》ふり、谷曀《くら》くして、復《ま》た行くべき路《ところ》無し。乃《すなは》ち棲遑《しじま》ひて、其の跋渉《ふ》まむ所を知らず。然るに霧を凌ぎて強《あなが》ちに行き、方《まさ》に僅に出づることを得たり。猶失意《こころおろ》けて酔へる如し。

とあるのは強風と氷雪と雲霧が、今も昔もおなじだったことをおもわせる。

そのために伊吹山は所々に風化をうけた露岩が急斜面に突き出しており、行道修行する岩には事欠かない。その中でとくに八合目と七合目の間にある行道岩が有名であるが、私がこれに関心をもって踏査したのは、遊行放浪の彫刻僧、円空がここで修行したからであった。伊吹山護国寺の開山とされる沙門三修《しやもんさんしゆう》もこの岩の修行が気に入ったらしく、ここに留まって修行した結果、七高山阿闍梨になった。『三代実録』(元慶二年〈八七八〉二月十三日)には、沙門三修申す牒《てふ》に偁《い》ふ。少年の時、落髪入道し、名山を脚歴し、周尽せざるは莫《な》し。仁寿年中、此の山に登り到る。即ち是れ七高山の其の一なり。其の形勢を観るに、四面斗《(杜)》絶し人跡至ること希《まれ》なり。

とあり、四面杜絶《とぜつ》の岩山である。ここに行場を開いた三修は『今昔物語集』（巻二十）には、学問も智恵もなかったために天狗に誑《たぶ》らかされた話が載っている。しかしこの話も三修が信仰一筋の人であったという反証にもなるわけで、決死の行道岩の行のできるような行者は、小利巧な智恵者でなかったのは当然である。

『今昔物語集』によれば、三修はつねに弥陀の来迎によって、浄土往生をねがっていたという。それはただひたすら一日中念仏を唱えていたからで、それは行道岩を巡りながらのことであったとおもわれる。そのうち、空に声があって、明日お前を迎えに来るぞよというのを聞いて、明旦沐浴《もくよく》し、香を焚《た》き花を散らして待っていた。すると絵で見るような阿弥陀如来が二十五の菩薩をしたがえ、雲に乗ってあらわれて、彼を蓮台《れんだい》にのせて西の方へ飛んで行った。しかし七、八日経って、下僧が山中の谷にさし出した高い杉の木に三修が縛りつけられているのを見付けた。そしてこれは天狗に誑らかされたのだということがわかって彼をたすけたが、三修は間もなく死んだという。

これはおそらく行道岩の行をしたものは、ややもすれば高慢な山伏になることを諷《ふう》刺《し》したものであろうとおもう。この説話には行道岩のことは出て来ないけれども、実際に行道岩の上に立って見ると、そのまま雲に乗って、西方に向かって空中へ飛び出してゆけるような気がする。これはこの山には灌木《かんぼく》と蓬《よもぎ》のような草のほかは何も生えないことにもよるし、眼下に琵琶湖をひかえていることにもよるであろう。私も昭和五十五年この行道岩を踏査したが、八合目小屋の下から灌木を分けて近づくのは大変なことであった。この岩は伊吹山の上からも下からもよく見える瘤《こぶ》のような岩で、その下は断崖になっている。行道はその岩を巡ることであったことが、細い径《みち》によってわかった。おそらくもとはもっと下の断崖の中腹を横にまわったかもしれない。瘤のような行道岩は風化がはげしく、大分崩壊しかけていた。その下には人間が一人入れるくらいの洞《ほら》もあるので、雨や雷はその中で避けたであろう。円空がここを巡ったかとおもうと、一木一草が感無量であった。私は上から降りたり、下から登ったりして、いろいろと行道を再現し、体験してみた。

しかし崩壊の進行している伊吹山には八合目、九合目から頂上にかけて行道岩とおなじ条件の岩はいくらでもある。したがって伊吹修験の入峰修行は複数の行道岩を、次々に修行することではなかったかとおもった。いま行道岩は平等岩とよばれていて、誰にきいても何も知らない。しかし近江のすぐれた地誌である『近江輿地志略《よちしりゃく》』伊吹山の項には、

行道岩　山の西面に登ること五十町余にあり。高さ五丈余（約一七メートル）、一《ひと》囲《めぐり》十町計りの大磐石也。三銖（三修）沙門この石上にて、昼夜禅行導《ぜんぎやうだう》をなす。爾来《じらい》行導岩と号す。

とあって、江戸時代まではこの伝承は知られており、私の推定をたすけてくれる。しかし一巡するのに十町というのは一キロメートルにあたるので、すこしオーバーである。頂上の瘤だけでなく、岩全体を巡っても三〇〇メートルぐらいであろう。またここに「禅行導」とあるのは禅定行道の意味で、岩上で座禅したり、行道したりを繰返すことで、これも正しい理解だったとおもう。

伊吹山の行道岩を江戸時代初めの円空は「平等岩」と書いている。『近江輿地志略』の著者の行導（道）岩の方が正しいのであるが、俗に訛《なま》って平等岩とよばれたの

であろう。大峯山でも今は平等岩というが、元禄七年（一六九四）刊の『修験峰中秘伝』では「行道石」とある。しかし円空はこれより約三十年ほど古い寛文六年（一六六六）に「平等岩」とよんでいる。これは円空が寛文三年、三十二歳で出家得度し、寛文四年か寛文五年に、伊吹山行道岩の修行をしたことを推定させる作仏の背銘に、「平等岩僧」と彫っているからである。この円空仏は北海道洞爺《とうや》湖《こ》中島観音堂の観音像である。背銘は、

江州伊吹山平等岩僧内
寛文六年丙午《ひのえうま》　七月廿八日
始山登　円空（花押）

とあり、伊吹山の行道修行を終えた者は「行道岩僧」とよばれたことをしめしている。それほどにこの修行は誇り高いものであり、行道岩は神聖なものであった。この背銘は彫刻僧円空の生涯を追跡する有力な手がかりになったとともに、史料のきわめて少ない行道岩の秘密を明かす貴重な資料であった。これはまた修験道史にも得がたい資料を提供するものであって、行道岩の修行は一夏《いちげ》九旬《きゅうじゅん》という九十日の修行だっ

たことを推定させる。というのは寛文四年には円空は美濃（岐阜県）の美並《みなみ》村周辺の仏像を彫っていて、伊吹山修行の可能性は少ない。ところが寛文五年の十二月には奥羽の弘前《ひろさき》にいたたしかな史料が出たので、奥羽・北海道修行に出発する前に平等岩修行を終えていなければならない。しかもその出発の前に大和の諸大寺の仏像を見てまわった形跡が、その後の仏像にあらわれている。そうすると伊吹山の雪が融けて入山できる、四月から七月までぐらいの修行でなければならないが、この期間は山伏の夏《なつ》峰入《みねいり》であって、これが一夏九旬の九十日なのである。

しかし円空はこの修行で山伏としての大きな自覚を得たし、人間的にも成長したであろう。円空は奥羽・北海道への長い旅に、「伊吹山平等岩僧」の称号があれば便宜も多いとおもったかもしれないが、これが円空芸術を生む一つの重要な転機であったことはたしかなのである。

四　大峯山の両童子岩

伊吹山の行道岩が人々の記憶から消えて久しいように、各地の修験道の山や霊場札所の伝承から失われた行道岩は多いであろう。私は『山の宗教』（淡交社、一九七〇年）を執筆するために、昭和四十四年に二度大峯山へ登ったが、そのとき前鬼への下り路に両童子岩というものがあるのを見た。これも今かんがえれば、行道岩であった。

これは大峯奥駈《おくがけ》修行という、現存する修験道修行のもっとも厳しいものの中間点で、それまでにも「都津門《とつもん》」などという行道岩があったが、私が「前鬼の下り」とよばれるこの長い坂にかかったころは、すっかりグロッキーになっていた。この坂のほぼ下り終わったところに両童子岩は立っていたが、これは高さ一〇メートルぐらいの二本の立石で、下は一つの岩盤になっている。まことに天然のなせる造化の妙とでもいうべき不思議な立石であった。このような石があれば、山伏の本能としても行道せずにはおれないとおもうが、同行の聖護院山伏は長途の疲れもどこへやら、ヤッとばかりこの石に飛びついた。そして石に抱きついて足場をもとめながらソロリソロリと右まわりに巡ってゆく。そして一まわり巡り終わると次の立石へ飛び移るのである。これを「天狗飛び切り」の行というとのことであるが、近年、飛びそこねて落ちて大怪我をした山伏があったということであった。そして次の立石も巡り終わってこの行は終わるのである。

しかしもう一足も歩けないようになっていた私は、とてもこの行に挑むことはできなかった。目の前に展開するドラマを茫然とながめているだけであった。この心気朦《もう》朧《ろう》のせいと、私の修験道への認識の浅さから、そのとき私はこれが修験道の精髄をなす行道岩であることに気付かなかった。コロンブスの卵のように、難問というものは気付いてみれば他愛のないものである。私の立てた卵はこのように他愛のないものなので、私に無断で私の卵を食べている人も多いが、庶民の歴史や庶民の宗教には、忘却されたものが多いだけに、気付いてみれば「ナーンダ！」とおもうものが少なくない。

したがって私は後年この両童子岩は、行道岩が平等岩になったように、リョウドウ岩と訛り、立石が二本なので矜羯羅《こんがら》童子、制吒迦《せいたか》童子に当ててリョウドウジ岩としたことに気付いた。両童子にしては不動明王がいないからである。しかしこれを両童子岩とした山伏は口がうまいから、「いやその不動明王というは、大峯山全体なり」などといったかもしれない。それにしてもこのような不思議な岩を見れば神霊の籠る岩と見立て、これに最高の敬意をあらわすために行道する修験道というものは、すばらしい宗教だとおもう。しかも大峯奥駈の長途の疲れも物ともせず、ただちにこれに飛び付く山伏精神には、私も敬服せざるを得ないが、私のこのときの感動は名カメラマン井上博道氏のすぐれたカメラワークで、遺憾なくとらえられた。そしてこの名場面は私の『山の宗教』の巻頭カラーページをかざることになったのである。

このときの大峯奥駈はとくにこの本の写真をとるために、カメラマンと私と淡交社社員に聖護院山伏五名が協賛してチームを組んだものであった。そのために平素の入《にゆう》峯《ぶ》ならば省略される行場も念入りに修行して、記録にのこすことができた。「都津《とつ》門《もん》」の修行などもその一つで、釈迦《しやか》ヶ岳に近い尾根から東の方の谷に突き出た岩壁に丸い穴が開いている。これは「極楽の東門」ともよばれ、この門をくぐって極楽を拝んで来るのが一つの行道であった。しかしこの岩壁は崩壊しかけていて、しがみついた岩がボロボロに欠け落ちるのである。したがって私もこの行道修行は遠慮したし、聖護院山伏にも止めるようすすめた。しかし山伏たちはあえてこの危険に挑んだので、私もかつての修験道のきびしさを記録することができたし、井上博道氏の写真も『山の宗教』にのこすことができたのである。

第三章　積石信仰

一　賽の河原の積石

かの嬰児《みどりご》の所作として
河原の石をとりあつめ
これにて回向《えこう》の塔を積む
一重積んでは父のため
二重積んでは母のため
三重積んでは古里の
兄弟我が身と回向して

という「賽《さい》の河原地蔵和讃《わさん》」は、何時きいても悲しいものである。釈迦の言葉に、親が子のために流した涙は、四大海の水よりも多いというのがあるが、この和讃では先立った子供が父母の回向のために石を積む。

これはあの世の積石がこの世の回向になるとおなじく、この世の積石はあの世の亡者の回向になることをあらわしている。この積石の仏教的な意味《モチーフ》は、「石を積みて塔とす」ということにあるけれども、日本人の原始信仰なり、庶民信仰ではすこしちがうのである。その点から仏教の積石を解釈したいが、実は層塔なり五輪塔なりはこの庶民信仰の積石が仏教化したものにほかならない。

高野山奥之院に参詣したとき、すこし注意ぶかくあたりを見ると、そこここに積石がある。地上にもあるが、御廟《ごびょう》の玉垣《たまがき》の間などにも積まれている。高野山もちかごろではインド密教やチベット密教には注意をはらうけれども、庶民信仰には無関心なので、掃除人が取り払うかもしれない。それでも何処かに誰かが積んでいるとおもう。これなどはひそかに供養したい仏のある人が、日牌《にっぱい》や月牌《げっぱい》を上げる代わりに積んでゆくのであろう。高野山でのもっとも原始的な死者供養の方法は、槙《まき》や樒《しきみ》の枝を地上に立てることと、石を積むことであったとおもう。

これは日本人が仏教以前に霊をまつり、回向するためには、その依代《よりしろ》として常磐木《ときわぎ》の枝を立ててヒモロギとし、石を積んで磐境《いわさか》としたからであった。常磐木の枝は今も三十三年忌のウレツキトウバ（梢付塔婆）にもちいられており、これが棒型（杖型）塔婆になり、角塔婆や板塔婆、経木《きょうぎ》塔婆などの卒塔婆《そとば》になった。磐境の積石は三重、五重、七重、九重、十三重などの石造層塔になるとともに、五輪五大の密教思想と結合して、地（角）・水（円）・火（三角）・風（半月）・空（宝珠または団形）の五輪石塔がつくられた。五輪塔が日本ではじめて成立したのは、そのような日本人の原始信仰が仏教に反映したからである。仏教なら何でもインドやチベット起源にしなければ気のすまない人々は、そのうち、五輪塔に似たものをどこかでさがし出すかもしれないが、すくなくとも死者の霊をまつり、回向するために石を積むことは、日本の民族宗教から十分に説明できる。このようにして日本仏教の本質や、石塔や墓などの宗教現象を明らかにするのが、宗教民俗学である。

石を積んで死者を回向する宗教儀礼は、大部分が仏教化して石塔工芸の方へ流れてしまった。そのためにわれわれは種々の塔型をもつことができるようになったし、歴史的にもすぐれた石造美術をもった。われわれは民族の美意識を十分にほこってよいのであるが、ただそれを美術として鑑賞するだけではすまされない。それを造立した人の願いと、その石造物に斎《いわ》い籠《こ》められた霊の存在をわすれてはならない。また層塔なり、宝塔なり、宝篋印塔《ほうきょういんとう》なり、五輪塔の塔型が象徴する宗教意識と意味を、十分に理解していなければならないとおもう。

しかし磐境としての積石は、仏教化することなく、原始のままに残ったものもある。このような現象は日本特有ともいえるもので、高度の仏教化とその普及が見られる反面、仏教以前の原始的ともいうべき信仰や儀礼が実に濃厚に残っている。しかも信仰的側面は仏教化したり文化となったものよりも、強烈で素朴で素直なものがある。それをここでは積石を通して、見てみたいのである。

まず多くの山岳宗教のある山にはたいてい賽の河原がある。その中で私の見るかぎりもっとも広く大きいのは、出羽三山《でわさんざん》の主峰、月山《がっさん》の九合目にひろがる賽の河原である。日本に古代の純粋な信仰が残りえたのは、実は修験道という山岳宗教のたまものであった。日本の宗教は山と海からはじまったことは、多くの宗教史的研究からわかるのであるが、この積石信仰もよく山に残った。月山の賽の河原は一九八〇メートルの頂上のすぐ下のゆるやかな山頂稜線《りようせん》の上にひろがっているので、頂上にあるといってもよい。この山は七合目の弥陀《みだ》ヶ原までバスが登り、それからゆるい坂を三時間ほど歩けば、賽の河原であるから、見ようとおもえばきわめて容易である。しかも七月、八月ならば日本一の高山植物原をたのしむことができる。

賽の河原までの登山路にもいたるところに積石がある。そのような積石は何か現実

賽の河原（山形県、月山）

的な願いごとをするために積むもので、死者供養とは異なるようであるが、誰でも山へ入れば古代人とおなじく素朴になるので、法外な祈願をかけて石を積む。それが成るか成らぬかは神の御心まかせというのが、「はからいのない」他力信仰のはじまりである。

そのような現世利益の積石をしながら九合目に来ると、見わたすかぎりの積石のある賽の河原に出る。その積石の上には一〇センチぐらいの板切れが立ててあって、それに戒名や俗名の霊位が書いてある。万年筆書きもあればマジックインクもサインペンもある。この板切れは登山者がもって来るらしいが、これこそ立派な塔婆である。塔婆は何も高い金を出してお寺で書いてもらうばかりでないことがわかる。高野山奥之院の積石には塔婆がなかったが、寺院方からすればこれでは商売にならないと言うかもしれない。しかし現在寺へ上げられる莫大な大日牌や月牌は、こうしてささやかな積石からはじまったことを反省させるよすがとなるものとおもう。

二　月山の賽の河原

ところで月山の賽の河原の積石には、お骨がおかれた時代があったらしい。昭和初年の松平斉光《なりみつ》氏の『祭』（日光書院、一九四三年）の報告によると、山頂に旧幕時代には納骨がおこなわれたとあるからである。しかし明治維新の神仏分離と修験道禁止で、山頂を神官が管理するようになって、この納骨と死者供養を禁止した。それまでは山頂の月山神社神域内でも納骨を受け付けていたという。その時代は月山神社の本尊は阿弥陀如来で、摂社にあたる十三仏の祠《ほこら》がその参道両側にあった。この十三仏も死者供養の仏であることは説明するまでもない。いま十三仏の鉄仏は麓におろされて、鶴岡市郊外の湯野浜《ゆのはま》善宝寺（曹洞宗）にある。この山頂で納骨にあたったのは「王子の者」とよばれた聖《ひじり》で、山頂の支配権をもっていた。

この聖が神官になって納骨を禁止したけれども、登拝者は賽の河原や月山神社のまわりにお骨を埋めてゆくので、のちに神域内に「祖霊社《それいしゃ》」をつくり、ここで公然と戒名を書いた紙位牌《いはい》を神式で供養することにした。私の登ったときも紙位牌と五色の御幣《ごへい》と線香を売っており、白衣の神官が依頼者のためにお祓《はら》いをしていた。この現象は羽黒山では本殿横の「霊祭殿」にも見られ、湯殿山の「霊祭供養所」では、神域の岩に紙位牌を水ではりつける岩供養をおこなっている。

神社が死者供養をするといえば奇異に感ずるかもしれないが、日本人の民族宗教では、死者の霊は山へ帰るとされている。とくに清められた霊ほど高きに昇り、やがて高天原《たかまがはら》に昇って神となると信じられたのである。したがって遺族はできるだけ高い山に霊を送っていって鎮まらせようとしたのが、山頂の賽の河原となった。これを宗教民俗学では山岳宗教の「他界《たかい》信仰」という。山は「あの世」として、平地の「この世」と対比され、「あの世」は浄化された霊と神の世界であり、「この世」は人間の穢《けが》れに満ちた世界とされる。もちろん山に送る霊は、四十九日の忌明《きあ》けで浄化されておらなければならない。

そこで山には「あの世」（他界）と「この世」（此界《しかい》）との境界があった。実はこの境界に積石をして、穢れが他界（神域）へ入らないようにするのが、賽の河原の起源である。したがって私は賽の河原の賽は「塞《さい》」であったとかんがえている。穢れや悪霊を「さえぎる」ための塞であった。これは村境などに立って悪霊をさえぎる「塞の神」においてもおなじことである。

これを河原といったのは、他界と此界の境界には多く川があったからで、この川が穢れをはらう精進川《しょうじん》である。精進は「御嶽精進《みたけそうじ》」とか「熊野精進《くまのそうじ》」というように、「そうじ」というところから「そうず」となり、精進川は「葬頭河《そうずか》」になった。「葬頭河の婆さん」といわれるのがこれで、これまた「三途川《さんずのかわ》」ともなる。したがって賽の河原は山麓《さんろく》に多いのであるが、月山のように頂上にあるのをどうして賽の河原というかという疑問がおこる。これに対してはこじつけのようであるけれども、「こうら」「ごうら」が石のごろごろした石原に名づけられることは、柳田国男翁も『地名の研究』（一九三六年刊、のち『定本柳田国男集』第二十巻）で指摘したところである。強羅《ごうら》や甲良《こうら》はその一つの例である。しかしこれとても日本の河川に多い広い石原を河原にもつ「河原」が、山の頂上の石の多い積石原の名となったと解すればよいとおもう。

山岳宗教の賽の河原として忘れることのできないものに、伯耆大山《ほうきだいせん》の賽の河原がある。これは大山寺川原の一部で、有名な「金門《きんもん》」の上になる。おそらくもとは「金門」という巨巌の門の奥は聖域だったので、ここに穢れの入らぬ「塞の河原」をもうけたのであろう。しかしここも山岳他界信仰によって、中国一円の死者の霊の行く世界という信仰で、忌明《きあ》け詣《もうで》に積石がおこなわれるようになった。

この忌明け詣については応永五年（一三九八）の『大山寺縁起絵巻』の詞書《ことばがき》にもあって、寛徳二年（一〇四五）に伯耆国髪田の漁夫が母を失って、四十九日過ぎなければ大山月詣ができないと悲しんでいると、大山地蔵菩薩の化身の法師が、忌《いみ》が明けないでも詣りに来いといった話である。

重病を受けて母遂に失せにけり。此の俗（髪田の漁夫）五旬（四十九日）未だ終らざりければ、今月空しく過ぎぬと歎きける。（中略）法師（大山地蔵の化身）申しけるは、其のけがれ有るべからず。月（忌月）過ぎぬ。今日急ぎ参り給へと申す。

とあって、本来ならば四十九日の忌が明けなければ大山のような山岳霊場へ詣ることはできず、したがって賽の河原へ霊を送って行くこともできなかった。すなわち山の賽の河原の積石は、浄化された霊をここに斎《いわ》い鎮めるものであった。

いま山の遭難者のためにケルンを積むことがよくあるのは、これに似ているが、ヨーロッパの概念ならば賽の河原の積石と異なるものである。すなわちケルンは記念碑であって供養塔ではない。碑と塔はその宗教性の有無によって全く異質のものとなるのであって、塔にはそこに霊が存在するし、したがってそれは礼拝の対象になる。碑はその人がかつて存在したことを後世に知らしめ、遭難碑ならばその日時や理由と、哀悼の言葉を刻む。頌徳碑《しょうとくひ》ならばその人の伝記や功績や讃辞《さんじ》を刻むので、霊の依代《よりしろ》にはならない。

しかし起源的にはケルンも霊を鎮める宗教的な意味があったのだろうとおもう。フランスの田舎などでも道の辻に積石があって、その上に石や鉄の十字架が立っている。キリスト教以前の積石信仰が、キリスト教化したのだろうとおもう。イングランドにもストーンサークルに積石が見られるけれども、日本の大湯《おおゆ》環状列石《かんじょうれつせき》（秋田県鹿《か》角市《づの》）ほどの積石は見られない。ともあれ積石信仰は世界共通の石の宗教の一部であろうとおもう。

三　佐渡「願の地蔵堂」の積石

積石をする山頂近い賽の河原は、月山や恐山《おそれざん》のほかに、木曾御嶽《おんたけ》にもある。九合目の二の池と三の池の間にあって、広大なものである。このような山の上の賽の河原に対して、谷や洞窟の賽の河原があり、多くの積石が見られる。

洞窟の賽の河原はどこでも陰鬱《いんうつ》で、鬼気迫る感がする。日本人は洞窟の幽暗の中では、死者の魂に会えるように感ずるものらしい。それで、涙を流しながら積石をして、心慰むのである。

佐渡の外海府《そとかいふ》には、有名な「願《ねげ》の地蔵堂」とよばれる洞窟がある。久しい間行って見たいとおもっていたが、昭和五十六年はその近くの真更川山居《まさらがわさんきょ》の調査が二度あったので、その念願がかなった。真更川山居は、日本の遊行者《ゆぎょうしゃ》の第一の聖地で、弾誓《たんせい》上人をはじめ、但唱《たんしょう》や長音《ちょうおん》、そして浄厳《じょうごん》というような念仏遊行者の修行の地であった。したがって、願の地蔵堂も、このような人たちが開いたものかともおもわれるが、今は主に子供を失った人が、その回向《えこう》のために、石積みに詣るところである。

願という村は、戸数五、六戸の小さな村で、この地蔵堂から名づけられたのであろう。しかし、ここに巡礼する人のための宿もあったらしい。真更川から名勝大野亀《おおのかめ》を経て、三十分ほど車を走らせると願に着くが、車はそこから先へは行けない。民家の庭先に止めさせてもらって、磯辺の道を一キロほど歩くと、地蔵堂の洞窟へ着く。

右に猫の額のような田畑、そして左は怒濤《どとう》の日本海。洞窟は、その先の断崖の下にあり、嵐のときには波濤に洗われそうである。奥に石の地蔵尊をまつり、その前に佐渡独特の小さな石地蔵がたくさん上げてある。それに、死んだ子供の帽子や、人形や、玩具類が供えられて、雑然としたまわりに無数の積石がある。

洞窟はそれほど高くもないし、広くもない。しかしこの積石の景観は、幽暗の気をただよわせる。やはり、目に見えない霊が漂っていて、地底から出入りしているような気がする。ここへ着くまでに、もう一つ小さな洞窟に観音堂があり、水子などをまつっていたが、この方が、よけいに地底へ引きずり込まれそうな洞窟であった。

ここで改めて説明するまでもなく、日本人の洞窟信仰は、黄泉国《よみのくに》への入口という観念からおこる。すなわち、死者の霊がそこから黄泉国へ入ってゆくし、正月や盆・彼岸の霊祭《たままつり》には、そこから出て娑婆《しゃば》へ帰ってくると信じられた。昔は大晦日《おおみそか》から元日までの夜中が霊祭であったし、六盆ともいって、年間六回も霊祭をしたから、洞窟の出入りもはげしかったろう。

洞窟は、考古学的にも横穴墳墓としてもちいられた例が多いが、海岸の洞窟はとくに黄泉国信仰が強かった。奈良時代の『出雲《いずも》風土記』の出雲郡宇賀《うが》の郷の項に、

すなはち北の海の浜に礒あり。名は脳《なづき》の礒《いそ》といふ。高さ一丈許なり。上に松の木生ひ芸《しげ》りて礒に至る。邑人《さとびと》の朝夕に往来《かよ》へるが如く、又木の枝を人の攀《よ》ぢ引くが如

し。磯より西の方に窟戸《いはと》あり。高さ広さ各六尺許あり。窟の内に穴あり。人入ることを得ず。深浅知らざるなり。夢にこの磯の窟の辺に至る者は必ず死ぬ。故《かれ》、俗《よ》の人、古より今に至るまで、黄泉《よみ》の坂、黄泉の穴と号《なづ》けいへり。

とあるのは、その証拠で、洞窟へ人が往来したような跡があるといって、死者の霊がここに出入りしたことを暗示したのである。また、夢にこの洞窟を見ることは、死の予兆とされていた。この伝承を私は、死ぬ前に魂が肉体を抜け出して「あくがれ出る」という宗教的現象と見ないで、実際に死者の柩《ひつぎ》をこの洞窟へ運んで、風葬した歴史事実を伝えたものとおもっている。

古代伝承を精神現象、宗教現象として見る見方が、文学史家や神道史家によって採られて久しい。折口信夫博士の古代研究は、その代表的なものである。しかし、その中には、なんらかの歴史事実があって、その事実が無くなっても、伝承として残る場合がすくなくない。

私は、明治時代の学者や郷土史家のように、伝承をすぐ歴史事実に結びつけることをもっとも警戒する歴史家であるが、海岸洞窟の黄泉国伝承は、もう一つの資料で証拠づけられるとおもっている。それは、沖縄の民俗が一つの傍証になるからである。

最近まで海岸洞窟の風葬を実施してきたのが、沖縄本島のすぐ東にある久高島《くだかじま》である。私は、昭和五十三年十二月の久高島独特の祭、「イザイホウ」を見学するついでに、その風葬跡の洞窟を実地踏査することができた。

この島の洞窟風葬は、十二年前のイザイホウのとき不祥事があって、数千年の伝統が廃止された。しかし、その跡地を見れば、佐渡の願《ねげ》の地蔵堂の海岸洞窟と同じであり、『出雲風土記』の「脳の磯《なづきいそ》」の黄泉の穴も同様であったろうとおもう。

しかも、この脳の磯と推定される猪ノ目《いめ》洞窟（島根県平田市）からは、舟形木棺が発掘されている。このような例を見ると、賽の河原の積石のある洞窟は、かつての風葬洞窟が多かったという推定が成り立つ。

それでは、風葬と積石にどのような関係があったかが問題になる。久高島の海岸洞窟では、積石は見られなかったが、沖縄本島の知念《ちねん》岬へもどって、琉球王家の女性が巫女《のろ》の長《おさ》である聞得大君《きこえおおぎみ》になる斎場御嶽《せいふあうたき》へ行っておどろいた。ここは、その最高巫女就任式をする聖地として有名であるけれども、この聖域を案内してくれた人の説明によると、いたるところの大小の洞窟が、珊瑚礁石灰岩礫《さんごしょうがんれき》を盛って入口を塞《ふさ》がれているのは、そこが風葬の跡だったからであるという。その中にしばしば人骨が残っているので、風葬死体とともに死霊（荒魂《あらみたま》）を封じ込める呪術が、岩礫の積石であったことがわかる。

沖縄の有名な亀甲墓といわれる一門墓以前の洞窟墓は、一応風葬された人骨を洗骨《せんこつ》して納めたものである。しかし、自然洞窟の風葬墓では、その入口を石で塞いだのが、賽の河原の積石の起源であったことは疑いがない。

というのは、賽の河原の「賽」は当て字で、「塞《さえ》ぎる」意味の「塞《さい》の河原」が古い文字だったとおもわれるからである。古墳の横穴石室では、羨道《せんどう》の入口に切板石を立て、これを千引《ちびき》岩とも「塞坐黄泉戸《さやりますよみど》大神」とも言ったことが、『古事記』（神代）に見える。しかし古式古墳ほどこの羨門《せんもん》は積石で塞がれており、石室の側壁も礫石を積み上げて造られる。

沖縄の墳墓と風葬を日本の民俗学界に紹介した貴重な文献は、伊波普猷《いはふゆう》氏の「南島古代の葬制」（『をなり神の島』、のち『伊波普猷全集』第五巻、平凡社）であるが、これには、石垣島のヌーヤ（野屋）が出ていて、やはり死者を積石の四角の石垣の中に風葬している。

四　帝釈峡と室戸岬の積石

以上のような事例からわかるように、洞窟の積石は、最初は死者を洞窟に葬り、その荒魂が鎮まって和魂《にぎみたま》になるまで、死霊を封鎖するためであった。この積石の原理は、死者を「供養する」という概念に変わって、五輪塔や各種石塔に引き継がれる。すなわち、古代民俗宗教の「鎮魂」は、仏教の「供養」に変わってゆくのである。

ここで私が「荒魂が鎮まって和魂になる」といったのは、古代人にとっては、死体が腐爛《ふらん》期を経て白骨化するのを指したとおもう。古代人が腐爛死体をおそれた様子は『古事記』『日本書紀』の、伊弉諾尊《いざなぎのみこと》黄泉国訪問の段にくわしく語られている。したがって、その期間は死体を封鎖して、その荒魂が外へ迷い出ないようにしたのが「もがり」（殯）であった。

私は、殯《もがり》を封鎖呪術と名づけているが、折口信夫博士は、死者の「蘇生《そせい》を待つ儀礼」としており、これを継承する人々と私の封鎖呪術説は、矛盾対抗する学説であることを断わっておきたい。しかし、沖縄では死体が白骨化した段階でこの封鎖を解き、洗骨して骨壺に納め先祖の仲間入りをさせる。それまでは恐ろしいもの、穢れたものとして積石で封鎖され、先祖の仲間入りはできなかった。

私は、佐渡願《ねげ》の地蔵堂の洞窟に見られる積石は、もと、この洞窟に沖縄のような風葬がおこなわれた痕跡と見るのである。この種の横穴洞窟に複数の死者を葬ったこと

賽の河原の洞窟（広島県、帝釈峡）

は、全国に多くの事例があり、やがて風葬が火葬や土葬になると、死者の霊の供養の場になる。そして、封鎖の積石は供養の積石に変わった、という推定が成り立つ。

この種の洞窟のもう一つの例をあげると、広島県（備後《びんご》）比婆《ひば》郡東城《とうじょう》町帝《たい》釈《しゃく》の永明寺に、有名な賽の河原の洞窟がある。ここは、いわゆる帝釈峡の北の入口で、このカルスト地帯には、多くの石灰洞窟と岩蔭《ロック・シェルター》が発達しているが、その中から、旧石器時代の人骨や遺物が発掘されるので、学界の注目をあつめている遺跡である。

私も実地踏査したが、旧石器人の生活の横穴や岩蔭が、やがて墳墓として使用され、それも崩落岩石や土壌で埋没したものとおもわれる。そのような横穴洞窟の一つが、帝釈の賽の河原である。西北向きの洞窟なので、薄暗く、陰鬱であるが、旧石器人は、南向きの横穴を生活の場とし、西北向きの穴を墳墓としたのではないかとおもう。そして、現在、備中《びっちゅう》、備後、安芸《あき》の人々は、死者供養のために、この洞窟の中に積石をして、供物や蠟燭をあげる。

帝釈峡は、現在観光地としての賑わいと、旧石器時代遺跡としての発掘とで人が集まるが、もう一つ、死者への哀惜のために、賽の河原の積石に集まる場所でもある。これが三千―四千年前の墳墓であったことと、この積石は関係があるだろう。

賽の河原の入口には、永明寺（本尊帝釈天）が立てた板絵の「一心十界図」があった。おそらく、ここで死者は、地獄、餓鬼、畜生のいずれかに赴いたであろうが、それは、ただ、心の持ち方次第で仏にも菩薩にもなることができる、という絵解《えとき》説経があったものとおもう。

海岸の洞窟の積石として顕著な例は、土佐の室戸岬の「みくろ洞」に見ることができる。この洞は、四国八十八ヵ所の第二十四番、最御崎寺《ほつみさき》（東寺《ひがしでら》）の下にあり、弘法大師が青年時代に求聞持法《ぐもんじ》を修したところという。

もう一つ「弘法大師一夜建立の岩屋」という洞窟もあるが、ここにも積石が多い。人々は本能的に、洞窟があれば積石をしなければならぬ、とおもっているところが面白い。そして、これらの洞窟が、もともと死者供養に関係があったろうとおもわれるのは、このすぐ近くに六地蔵と墓地があり、このあたりでは、葬式のすんだ後で、忌《き》中笠《ちゅうがさ》をこの六地蔵にかぶせに来るからである。

これは、もとこのあたり一帯では、死者を洞窟まで運んで葬った時代があったであろうが、それを在地の墓に葬るようになっても、霊魂だけはここへ送ってきて、供養した名残りとおもわれる。

すなわち、まだ荒魂の死霊の段階の霊魂を、ここの積石に封じ込めて鎮魂したのである。その封鎖鎮魂を監視する「塞《さい》の神」（塞坐黄泉戸大神《さやりますよみど》）が、仏教化されて六地蔵となったというのが、私の解釈である。ここで鎮魂は供養となるが、六地蔵に忌中笠をかぶせるという行為は、死の穢れを地蔵尊に背負ってもらい、葬の穢れを村に持ち帰らぬためのものであった。

四国霊場では、七十一番の弥谷寺《いやだに》も、洞窟積石の多いところであるが、ここが瀬戸内海各地から、船で納骨に来るところであったことは有名である。この洞窟内の本堂は、その位牌の林立が壮観である。この寺では、納骨と位牌供養の原簿が完備していて、お参りに来た遺族の出身地によって位牌の繰り出しが即座にできる、といわれるが、これも、この洞窟内に霊魂が居ることを前提としている。

弥谷寺へは、いま善通寺側から参るので、海から遠いようにおもわれがちである。しかし、弥谷山（三八一・五メートル）はすぐ海に近く、洞窟はこの山の南面に開いている。凝灰岩の岩壁に、中世以来の五輪塔の浮彫が各所に見られるのは、その地輪《じりん》に納骨孔を穿《うが》って、供養の遺骨を納めた名残りであり、別に大きな納骨孔もあって、勝手に納骨していった時代があったのであろう。積石は、それらの死者の供養のためであった。

五　沖縄の洞窟風葬と積石

私は、昭和五十六年の年末から五十七年の一月五日まで沖縄各地をまわったが、その目的の一つは、風葬習俗の痕跡調査であった。実は日本の積石信仰の起源は、原始的葬墓制が風葬だったことにある、という仮説を私は持っており、日本の原始風葬は洞窟からはじまったものとおもうからである。

埼玉県比企《ひき》郡吉見《よしみ》村の有名な吉見百穴《ひやつけつ》も、いろいろの学説がありながら、現在は横穴群集墳説に落ち着いている。これなどは人工掘鑿《くつさく》の横穴なので、古墳時代まで降るが、この種の群集墳は出雲地方にも北九州地方にも多数ある。支配階級は大陸風の豪華な高塚墳墓、いわゆる古墳を営んだけれども、一般庶民は、共同体が平等に何回でも使える横穴をえらんだ。

そして、葬墓を共同体で共有するという庶民社会の制度は、つい最近まで、両墓制《りようぼせい》の「三昧《さんまい》」（埋め墓・墓所《むせ》・蓮台野《れんだいの》などともいう）にのこり、現に三昧を共有しているところもある。いわば過密化した平安京などは、鴨川《かもがわ》の東や桂川《かつらがわ》の西の愛宕《あたご》山麓に風葬したことが、絵画や説話に出て来るが、これは野葬《やそう》・林葬《りんそう》であり、原始的洞窟葬とはちがうのである。

野葬・林葬の場合にも、死者のまわりに青柴《あおしば》を立てて囲んだのが、神話の「八重《やえ》蒼《あお》柴籬《ふしがき》」になったり、「八十《やそ》垧手《くまで》」（「八十《やそ》隈路《くまじ》」）になったりしたものと私はかんがえている。しかし、石を積んでまわりを囲んだこともあるはずで、初期古墳には礫《れき》を積み重ねて石室を造ったものが多い。沖縄の石垣島では、これとおなじ石室を地上に積んで、ヌーヤ（野屋）といったことが伊波普猷氏の「南島古代の葬制」（前出）に見え、図まで入れてある。

そして、石垣で囲まれた琉球の御嶽《うたき》、杜《もり》、あるいはオガン（拝所）の起源は、このような風葬死者のまわりの積石であろうと、伊波普猷氏は書いている。

ところが、沖縄は大部分が隆起珊瑚礁《さんごしょう》から成っているので、山の断崖にも、実に洞窟が多い。そして、洞窟風葬ならば、その入口にだけ積石をすれば、死者を隠すことができる。したがって、風葬が止んでも、洞窟に積石をして死者の霊魂を供養し、これを「賽の河原」とよぶ習俗がのこるのである。

それで私は、沖縄の洞窟風葬の実情が知りたいとおもって、今回は土地の方にいろいろと無理をお願いした。伊波氏は「沖縄本島には白骨の累々として積み重ねた洞窟がかなり多く、土地の人は之を昔の戦死者の骨を収容した所だといつてゐるが、これらはことによると、風葬時代の遺物であるかも知れない」（「南島古代の葬制」）と書いている。

私も昭和五十三年に沖縄を訪れたときは、沖縄本島の御嶽《うたき》（山や森の聖地）をめぐって、積石で封鎖された風葬洞窟を見たが、中を確認するにいたらなかった。今回は、八重山群島の最南端、日本列島の最西端で、台湾へ一四〇キロメートルという与那国島《よなぐに》へ渡って、いわゆる大和墓《やまとばか》とも屋島墓《やしまばか》ともいわれる洞窟を実査することができた。

この島では、現に使用されている海岸墓地（後生《ぐしょう》）の中にも、珊瑚礁の自然洞窟に風葬の跡がみとめられ、人骨は珊瑚礫《れき》を積んで隠されていた。人骨に副葬された茶碗類から見て、それほど古代のものとはおもえず、現在の亀甲墓に連続する時代までしか遡れないであろう。その亀甲墓も、古いものは自然洞窟を利用して、その前に漆喰《しっくい》の亀甲型石室を作ったものである。そして亀甲墓そのものも、その石室は死者を棺に入れたまま収容して風化を待つという、密封風葬にほかならない。

洗骨《せんこつ》は、風化によって浄化された白骨を潮水や酒でもう一度きよめ、後生甕《ぐしようがめ》に入れて、かつての自然洞窟であった奥室に安置するのである。

与那国島ではティンダバナ（犬の鼻）という岬と大和墓という山中の崖に風葬洞窟があるが、大和墓というのは、日本人が漂着して死んだのを葬ったといわれるからで、屋島墓というのも、平家の落人の墓という伝説からである。

数次の調査で人骨は減ったというけれども、わずかに残った人骨には、棺の一部と推定される、彫刻をほどこした板片三個もあった。ここが風葬に使用されたのは、古代や中世に遡らない証拠である。過去の調査では、人骨や遺物を採集しながら、まだ報告がなされていないということであった。

石垣島では、私は川平《かびら》崎の大和墓を調査しようとして時間がなくなったが、海水浴場である川平底《すくじ》地の大和墓だけは見ることができた。これは、海岸断崖のかなり大きな洞窟をすっかり石で封鎖したもので、このあたりの領主の墓になっていた。「姓大宗仲間満慶山之霊殿」という石柱がこれを示しており、その右手には巫女《のろ》すなわち「つかさ」の墓があった。幸いなことに、左手上部に元のままの洞窟が一つ残っていたので、登ってのぞくと、人間一人を置くぐらいのスペースがあって、入口にやはり低い積石があった。人骨は消滅したのであろう。

宮古島では、非常に幸運な調査ができた。ここでは、風葬洞窟は島の最北端の狩俣《かりまた》にあり、「平家の遺跡」とよばれているのは、屋島墓とおなじ伝説があるのであろう。

私が紹介された島尻《しまじり》の購買部というのを、タクシーの運転手が間違えて狩俣へ走ったおかげで、良い案内者に会えた。腕白ざかりの中学生で、あれかも知れないといいながら、ズボンをまくり上げて崖の下の海へ入って行った。大きな洞窟であった。所々に人骨がのこっている。そのうち中学生が、もう一ヵ所あります、と遠くから呼んでいる。美しい海であるが、波が来ると股《もも》まで水が上るので、私のズボンは水浸しであった。

そこは入江状になっていて、半円形の崖に十二、三個の洞窟が口を開けている。その中のテリハクサトベラに隠された洞窟を指さして、中学生が、何かあります、と叫んだ。見ると、頭蓋骨《ずがいこつ》一個と脛骨《けいこつ》一本と板一枚であった。足許《あしもと》の海水はあくまで澄んで、この鬼気迫る光景を美化してくれる。ちょうど目の前には大神島《おおがみ》が見え、そこには大祖神廟《うふうやかん》があるはずであるが、案内図には「風葬の跡」と書いてある。

もとは大神島まで運んで風葬したのが、のちにこの島かげの洞窟が使われるようになったのであろう。そして、この洞窟の上に狩俣の御嶽《うたき》があるのは、風葬された霊は浄化されて、御嶽の祖神としてまつられたことをしめしている。これは、ちょうど、大神島に古く風葬された霊が、大祖神としてまつられているのとおなじ図式だからである。

六　積石墳と中世墳墓の積石

沖縄の葬墓制を、そのまま本土におきかえることはできないが、原始生活や宗教はどこでも共通性がある。したがって、本土の洞窟に積石信仰が多いのは、かつて洞窟風葬があって、積石をもって死者を隠したのが、土葬、火葬に移行しても、手向《たむけ》とか供養といって、積石をする習俗にのこったものと考えなければならない。この考え方から、日本での石造層塔や石造五輪塔の受容が説明できるのである。

これらの石塔を、インドや中国の単なる模倣とすることは、その信仰内容から無理のあることが現在ではわかってきている。私がこの章の最初に、高野山奥之院の積石を述べたのは、その意味であった。

しかし、風葬にともなって死者のまわりに石を積むことは、単に供養のためではなかった。『大宝律令』（喪葬令）には、「葬《そう》は蔵《ぞう》なり」とあり、蔵は「かくす」と読むので隠すためとすることも、宗教的には是認できない。というのは、風葬を支えた原始的霊魂観念では、死者の霊は荒魂《あらみたま》（ある場合は凶癘魂《きょうれいこん》という）なので、これが葬所から現実世界、すなわち村へ戻ってくるのを防がなければならない。この防衛の力が石にあると信じられたのが、積石の起源である。

対馬の習俗には「石かませ」ということがあり、埋葬が済んだ後で、子供たちが墓に向かって後ろ向きに石を投げることも、積石の意味であろうとおもう。また、津軽地方では、子供墓には墓標に笊《ざる》を下げて、それに石を入れて「石積み」というのも、もとはこれであった。

また、中世の墳墓跡と称する所は、多く積石が累々とのこっており、現在のように位牌《いはい》型石塔を建てる前は積石墓だった所が多い。これも、石をもって荒魂を封じ込めたのである。古墳時代でいえば、高松の栗林《りつりん》公園の裏山つづきに石清尾山《いわせおやま》積石古墳群がある。主墳は猫塚とよばれ、十字形墳である。中国の遼東《りょうとう》半島のものに似ているので、その模倣という説があったが、日本人の宗教意識から出来ても不思議はない。積石墳は石を多数山の上に上げなければならないので、土をもって墳丘をつくり、その上を石で葺《ふ》く葺石墳も、おなじ意識から出たのであろう。

私は近江《おうみ》の日野町の綿向山麓《わたむきさんろく》で、中世墳墓を見たが、やはり多くの積石に一石五輪

積石墓（滋賀県高島町）

が立ててあった。但馬《たじま》地方には、この種の中世墳墓が各地にあるが、それが現在ももちいられているとおもわれるものに、竹野町三原のダブセがある。ダブセは、茶毘所《だびしょ》のなまったものであろう。しかし、火葬墓ではなくて土葬であるが、埋葬の上には土でなくて石を積む。その石は、ダブセの下の河原からかつぎ上げるのが原則であるけれども、大変なので、古い墓の石を失敬して積むということであった。

また、すごく大きな石を墓の上に積むので驚いたのは近江の湖西地方で、とくに高島町の横山墓地であった。その西の朽木《くつき》村にも積石墓が多いが、横山墓地では、数人でないと持てないような石を五、六個のせて、崩れないように太い箍《たが》をはめる。じつに厳重な重石である。ここは阿弥陀《あみだ》山（四五四メートル）という古い持越墓《もちこしばか》（遠方から村境や山を越えて棺を持って来る墓）の麓にあたるので、中世以前の積石墓がのこる可能性がある。

積石墓（香川県、佐柳島）

もう一つ積石墓の例をあげると、讃岐《さぬき》の佐柳島《さなぎ》の海岸墓がある。広大な墓地一面に海石が敷きつめられているのは、全部海中から上げた石だということであった。ここでは埋葬にはほとんど穴を掘らず、棺を地上に置いてそのまわりに石を積む。その石は親戚が海へ入って上げてくる。したがって棺の形に長方形に石は積み上げられる。石垣島のヌーヤは四方が積石で、天井は土や柴をのせるが、佐柳島は全部積石である。

『万葉集』の巻二はほとんど挽歌《ばんか》で、その中には有名な柿本人麿の臨終の歌というものがあり、

鴨山の　磐根《いはね》し纏《ま》ける　吾をかも
　知らにと妹が　待ちつつあらむ

の鴨山が海岸か山中かという論争があったが、その当の人麿が海岸で死者を見たのは讃岐の狭岑島《さみね》であった。「讃岐狭岑島に石中の死人を視て、柿

本朝臣人麿の作れる歌一首幷《ならび》に短歌」がそれである。

この狭岑島は、今は香川県坂出市沖の番州《ばんのす》埋立地で陸につながってしまった砂《しや》（沙）弥《み》島であるといわれ、柿本人麿歌碑が立てられている。しかし、この歌は佐柳島で詠《よ》んでも不思議でないほどで、浜辺の石の上に風葬された死者を詠んでいる。

（上略）名ぐはし　狭岑の島の　荒磯面《ありそも》に　廬《いほ》りて見れば　浪の音《と》の　繁き浜辺を
敷妙《しきたへ》の　枕になして　荒床《あらどこ》に　ころ臥《ふ》す君が　家知らば　行きても告げむ（下略）

とあり、そのまわりに石を積んであったことは、詞書《ことばがき》によってわかる。おそらく狭岑島も、佐柳島も、塩飽《しあく》諸島の中なので、おなじような葬法がとられていたのであろう。

このような積石は、もと風葬死者の荒魂を封鎖するものであったが、荒魂への恐怖感がうすれるとともに、死者を悪霊に取られないようにするという解釈に変わったであろう。そして、肉親のために石を積む気持が、死者を悼み、死後の成仏を祈る心となって、供養の積石に変わった。しかし、石を積む「賽の河原」というものは、依然としてあの世とこの世を隔てる三途《さんず》の川の河原にあり、死者をこの世に戻さぬ「塞の河原」でもあった。

七　備前熊山の戒壇

石を積んで塔とする信仰は、わが国では十三重塔や九重、七重、五重などの石造層塔となり、五輪塔ともなるが、三段の積石石壇を造った特別の例もある。この積石石壇は備前熊山《びぜんくまやま》（岡山県赤磐《あかいわ》郡熊山町）の山頂にあって、謎の積石遺跡といわれてきた。それで、どうしてこのような石壇ができたかを述べてみよう。

この石壇は、五輪塔や層塔、宝篋印塔《ほうきょういんとう》などから見れば規模も大きいし、型もちがっているので、従来は「戒壇《かいだん》」といわれてきた。戒壇として現存するのは東大寺戒壇院の戒壇や、比叡山戒壇院の戒壇などであるが、野外の戒壇は唐招提寺《とうしょうだいじ》にのこっており、切石を重ねているという点でも、熊山の「戒壇」に似ている。

それでこれが「戒壇」とよばれたのであろうが、私はもっと別の理由から戒壇とよばれたのであろうとおもっている。結局は「積石壇型舎利《しゃり》塔」とよぶのが妥当かもしれない。しかし現在研究者のあいだでは「熊山積石遺構《いこう》」とよばれているので、私は仮に「積石壇」とよんでおくことにしよう。

熊山山頂の積石壇（岡山県熊山町）

まず場所は岡山県の東端、和気《わけ》郡と赤磐《あかいわ》郡と邑久《おく》郡にまたがる五〇九メートルの熊山の山頂にあるが、瀬戸内海は片上《かたかみ》湾が深く彎入《わんにゅう》しているので、海に近い。山麓の南側は伊部《いんべ》焼（備前焼）の本場、備前町の伊部がある。西麓を備前平野の吉井川が流れており、どこからも独立峰のように見える秀麗な山で、とくに瀬戸内海からは航路の目印になったろうとおもわれる。神という字はクマともよまれるので、神山が熊山とよばれるようになったのであろうが、熊野修験の影響がかんがえられるから、この点からも熊の字が宛《あ》てられたかもしれない。

熊山山頂の積石壇は三段になっている。基壇を加えれば四段に見えるが、塔身部は三段である。基壇は一辺一一・五メートルの方形積石で、その上に塔身部の第一層が一辺七・七メートルで高さ〇・九メートル、第二層が一辺五・三メートルに高さ一・二メートル、第三層（最上層）が一辺三メートルに高さ一・二メートルの方形積石がのっている。したがって総高三・三メートル、すなわち一丈余の高さになる。

このような構造は方墳《ほうふん》にちかいが、これはまったく土を使わず、扁平《へんぺい》な割石だけを積んで造ってあり、中央の空洞石室には舎利《しゃり》壺《つぼ》とおもわれる三彩壺《さんさいつぼ》があったので、古墳ではない。もっともよく似ているのは奈良市内にある頭塔《ずとう》（玄昉《げんぼう》の首を埋めたという）であるが、これは土を積んで三段または二段にした土塔《どとう》である。

大阪府堺市大野の頭塔も土塔であるが、これは段はなくて方錐形《ほうすい》である。しかし、この土塔も頭塔も、奈良時代にできたものであるように、熊山の積石壇も出土品から見て、奈良時代または平安時代初期にできたものであることは疑いがない。すなわち、奈良時代にはこのように不思議な積石または積土の塔が、すくなくも三基あったことになり、一つの謎が解ければ、他の謎も解けそうである。

私が十年前にここへ登ったときは、盗掘の跡が生々しく、一隅が崩されていたが、昭和五十七年二月五日に登ったときは、すっかり復元修理されて、国の史蹟に指定されていた。したがって、周囲も見ちがえるばかりに整備されて、公園化していた。ちょうど前夜の大雪のあとの快晴だったので、雪景色としてもめずらしく、背景の大杉の森と紺碧《こんぺき》の空と褐色の積石が調和したすばらしい風景であった。

このあたりの環境をいえば、この積石壇のある平地は山頂といっても、ほんとうの頂上《ピーク》はもう一段高いところにあり、そこに熊山神社と数個の自然石を積んだ磐境がある。ここの最初の信仰対象はこの磐境だったとおもわれるが、今は児島高徳《こじまたかのり》旗揚げの遺蹟という立札が立っている。

熊山神社はいうまでもなく熊山の山神をまつったもので、神仏習合時代は地蔵大権現とよばれていた。この地蔵大権現をまつり守護する僧侶（山伏）のいるところが、一段下の積石壇のある平地を占めた帝釈《たいしゃく》山霊山寺《りょうぜんじ》であり、その本坊が戒光院とよばれた。もちろん霊山寺は江戸時代には衰えて、明治維新で廃滅した。しかしこの山の中腹には大滝山福生寺《ふくしょうじ》があり、本堂（天和《てんな》二年〈一六八二〉建立）と文化財の三重塔（嘉吉《かきつ》元年〈一四四一〉建立）と仁王門（応永年間〈一三九四―一四二八〉建立、元和《げんな》元年〈一六一五〉大修理）のほか、経蔵もそろっていて、塔中《たっちゅう》の実相院、福寿院、西法院が健在である。もと三十三坊あり、江戸時代の十三坊が現在三ヵ院になったのである。また山麓の香登《かがと》には香登寺《かとうじ》があったが、今は廃寺で址《あと》をとどめるばかりである。

熊山のような山岳信仰の山は、たいてい上宮上院と中宮中院、下宮下院の三宮三院から成るが、熊山では熊山神社（地蔵大権現）が上宮、帝釈山霊山寺が上院、大滝山の大滝明神が中宮、福生寺が中院、そして香登寺は下院で、下宮とともに廃滅したらしい。このような環境の上院にあたる帝釈山霊山寺境内に、問題の三段の積石壇があるが、これは何の目的で積まれたのであろうか。

八　戒壇と回壇

この積石壇は、すくなくも江戸時代には「戒壇」とよばれていた。戒壇というのは僧侶になるための授戒を受ける壇で、その上に戒師《かいし》と受者《じゅしゃ》と、これを証明する数人の証明師《しょうみょうし》が上る壇である。そのために、椅子がすくなくも二つのらなければならないが、熊山の戒壇は狭すぎるし、三段の上まで登る石階がない。私なども、積もった雪に腹這《はらば》いながら上に登った。

一時は脚立か梯子をかけたかもしれないが、まず第一の問題がここにある。しかし、戒壇とよばれたのは古く、天和三年（一六八三）の書上帳（熊山村奥吉原薬王寺宝生院蔵）の熊山の条に、

戒壇跡　近国之僧、望テ参者、自然有レ之。高二間横四間四方

とあり、宝永六年（一七〇九）の『和気絹』には、帝釈山霊山寺の条に、

戒壇跡アリ。高六間広四間四方。鎮守ハ地蔵権現。開基ハ唐僧鑑真和尚ト云ヘリ。

とある。また熊山霊山寺の勧進帳とおもわれる前欠の木版《もくはん》摺物《すりもの》に次のようにある（『吉備《きび》考古』第八十六号、昭和二十八年発行のうち、大本琢寿氏「熊山雑記」による）。

弘仁三年壬辰《みずのえたつ》の春、弘法大師御入定の地を撰、諸国御巡見の砌《みぎり》、熊山に登り一見し玉ふに、八葉の峯蓮台《れんだい》の如く峰平らかにして、麓《ふもと》厳しく、戒壇四十八、谷数四十八、弥陀の本願に叶、是霊山成とて渓数《たにかず》を改玉へば一谷不足にて、（下略）

また、備前金山の金山寺蔵の天保十二年（一八四二）書上帳の帝釈山霊山寺戒光院の条に、熊山の縁起をのせたなかに、

筑紫の観世音寺、下野の薬師寺、南都東大寺、招提寺、備前熊山霊山寺、これ師（鑑真）の初て建立し給ふ所の本朝五ケの戒壇にして、当山即ちその一場也。師は四分律之宗祖にして、諸国に木叉（戒律）を弘通すと薫牘《くんとく》諸伝に見えたり。当山戒壇の古縁起一巻、文繁故に、今略レ之

とも見えていて、すくなくも江戸時代初期から「戒壇」といわれてきた。

ところでこの戒壇説は、大正時代に沼田頼輔博士によって是認された（『考古学雑誌』第十五巻第六号）。しかし戦後昭和二十五年（一九五〇）に、考古学者・梅原末治博士が熊山を調査し、同二十八年の『吉備考古』（第八十六号）誌上に「備前熊山上の遺跡」を発表して、これを否定した。このときはこの積石壇から盗掘された遺物、すなわち総高五尺四寸五分（一・六五メートル）の組合せ陶製円筒容器と三彩壺《さんさいつぼ》が判明して、時代判定が可能になった。これはその当時個人蔵だったものが、天理大学附属天理参考館の所蔵に帰した。

このようにして、永年戒壇といわれた熊山山上の謎の積石壇は、ますます謎を深めることになった。というのは、戒壇でなければ一体何かということである。奈良の頭《ず》

塔《とう》や大野土塔《どとう》に似ているといっても、その方も正体が不明である。それで、古墳説や経塚説が出たのであるが、昭和五十五年十二月には、田村圓澄氏によって、韓国式石塔説も出された。しかし私は、今回の調査で、積石壇型舎利《しやり》塔であろうという意見をかためた。

元来、仏教の塔（ストゥーパ）とよばれるものは、すべて舎利塔である。すなわち仏舎利を蔵し、人々にそれを知らせるために「高顕」と訳されるストゥーパを建てたもので、インドでは土饅頭《どまんじゅう》型のサーンティの仏塔が代表的である。これが中国を経て日本へ来て、木造多層塔の上の伏鉢《ふくばち》となったものであるから、奈良の頭塔や大野土塔などの方が、インドの塔に近いということになる。したがって熊山では、これを三段の積石壇として、内部に舎利を蔵したものと見ることができる。

これは外見上の問題であるが、すでにのべたように、内部の空洞石室に納められた陶製円筒と三彩壺は、舎利壺とその外筒と見て矛盾はない。一・六五メートルの外筒は大きすぎるので、何か経巻のようなものが入れてあったとしても、舎利を中心に積まれた塔であることには変わりはない。もちろん、この舎利は真の仏舎利でなくとも、聖地で得られた玉髄などの小粒の石で差し支えなかった。この積石壇の内部空洞は、一辺が八〇センチほどの方形で、深さが一・八メートルくらいであったというから、一・六五メートルの陶製円筒が収納されるに十分である。

それでは、こうした積石壇型舎利塔は何のために熊山山上に建てられたか、という疑問であるが、私はこの積石塔が大きな露出岩盤の上に築かれていることに注意したい。というのは、熊山を山岳信仰の山とするとき、このような岩盤は「磐座《いわくら》」として崇拝される。磐座というのは、その上に山神が影向《ようごう》するので影向石とよばれ、山神を護法善神《ごほうぜんじん》とする場合は護法石とよばれる。一種の自然崇拝であるが、そこに神霊が実在すると見る自然崇拝である。修験道の山ではこのような石を「お亀石」といって、絶対に踏むことも杖をふれることも禁ずるのは、「お神石」だからであろうとおもう。

熊山山上の積石壇がこの磐座の上に築かれたのは、二つの意味があるとおもう。一つは、舎利を蔵する塔をもっとも神聖なる石の上に建てるということであり、もう一つは、この塔を回るためである。すでにのべたように修験道の山には「行道岩《ぎょうどういわ》」というものがあって、そのまわりを回る行がある。大峯山上ヶ岳や伊吹山の「平等岩《びょうどういわ》」は、行道岩が訛ったものであることがはっきりしている。

行道岩は、多くは危険な断崖に張り出したものであるが、要は聖なる石と、そこに影向鎮座する神、もしくは仏のまわりを絶え間なく回ることによって、無限の敬意を表現するのである。その間は断食断水とかんがえられるから、行道はきびしい苦行にもなる。

私は、この積石壇型舎利塔が「戒壇」といわれたのは、磐座や塔の周りを行道する「回壇《かいだん》」がおこなわれなくなった段階で言い出されたことであろうとおもう。すなわち、奈良時代以前の自然宗教としての山岳宗教の時代には、磐座の周りを行道旋回していたのを、舎利塔を積石で築くことによって、その周りを回る舎利信仰に代えたのである。そこには仏教の舎利信仰とともに、積石を神聖なものとする原始信仰も加わっていたであろう。

私がこのように推論するのは、信州善光寺では、本尊の仏壇下の地下室の中心の石室（実はこの中に御本尊がおさめてあるともいう）を回るのを「戒壇回り」というからであって、これは「回壇めぐり」ということである。俗信では、この戒壇回りの真《まっ》暗闇《くらやみ》の中で、死んだ肉親に会えるという。また、この戒壇回りは「地獄巡り」でもあるので、そこから出るのは「生まれ代わり」だともいう。

熊山の戒壇にも地下へ入る穴があったともいわれるので、善光寺とおなじような信仰があったかも知れないのである。

九　万治の石仏と仏頭

石を積んで塔とする信仰はやがて五輪石塔となってゆくが、石を積んで仏とする信仰もあった。これはきわめて特殊な例であるけれども、その背景には石の中に神や仏の霊が宿るという原始信仰のアニミズムがあることは、否定できない。

その石仏は信州の諏訪《すわ》湖畔、下諏訪町東山田にあって、一般に「浮島の阿弥陀さま」とよばれてきた。ちょうど下諏訪神社春宮の西北裏にあたる田圃の中にあり、神社の神域とは砥川《とがわ》という小川を距《へだ》てただけの距離にある。今は春宮の参道横の橋から、細い田圃道を砥川に沿って一五〇メートルほど入るが、もとはこの田圃道が鎌倉街道とよばれる中山道《なかせんどう》の旧道であった。

この石仏の奇抜さは、一見したものならみな度胆《どぎも》を抜かれてしまう。石仏の仏身は田圃の真中に牛のように横たわった自然石の上に、異様な仏の頭が載って仏像が形成されている。仏身の自然石は長さ四メートルに高さ三メートルで、下は田圃に深く埋もれている。その石の縦方向が正面であるから、三メートル半径の半円形の仏身に、膝と弥陀の定印をむすんだ両手と、袈裟衣《けさごろも》が浮彫で刻まれている。

仏頭の石も仏身とおなじ砥川石（輝石安山岩）で、高さ六三センチメートルに幅三九センチで面長の顔が彫られている。眼窩《がんか》の彫りが深いのと、三角形の鼻が大きいのが特色で、いかにも異形《いぎよう》の感をあたえる。顔面の半分が鼻という感で、とくに鼻翼が大きいので、アフリカの原住民の顔に近い。石の粗面性と地衣類の斑紋《はんもん》などで、いっそう野性に見えるためにイースター島の石人の頭が来たのだろうという乱暴な論もあった。この説は下諏訪地元の出身の山岳小説家、故新田次郎氏のいいだしたもので、この想定のもとに「万治の石仏」という小説を発表している。この島から追い出された女酋《しゆうちよう》長が石人の頭をもって島を抜け出し、いろいろの冒険をしながら日本の天龍川河口に着岸、天龍川を遡って諏訪湖畔までこれを運んだというのである。

「万治の石仏」という通称は、この石仏の仏身の石の左側に「万治三年（一六六〇）十一月一日、願主　明誉浄光　心誉慶春」の刻銘があることから、呼ばれるようになった俗称である。下諏訪神社春宮の石鳥居に近い医王渡橋（山田橋）の袂《たもと》には、岡本太郎氏筆の「万治の石仏」の碑が立って、この呼び名は決定的になってしまった。そして岡本太郎氏がこの石仏を見て、「世界中を歩いているが、こんな面白いものは見たことがない」といったというので、一躍有名になった。この人は何でも常識からはずれたものが芸術だという持論なので、さすがにこの異様な石仏に大袈裟《おおげさ》な感嘆のジ

万治の石仏（長野県下諏訪町）

エスチャアをしめしたらしいが、何故自然石に仏頭石を積んで石仏を作ったか、という理由と意味の解明には、無力だった。

しかしよく見ると、この仏頭石の異様さは、これを彫った人が素人《しろうと》だったために、このような形にしか彫れなかったのであって、最初から石仏彫刻者が意図した顔でないことはあきらかである。したがって眼は頭の先から顎《あご》の先までの二分の一の位置に付けるという常識が分からないために、三分の一に付けたからこのような面相になった。鼻も口も写実的表現ができなかったので、いかにも抽象的、象徴的に見えるのである。岡本太郎氏のおっしゃるように前衛仏像を意図したわけではない。

またこの石仏の異様さの一つは頸《くび》がないことで、いっそう決定的になる。これはこの像を解釈する上で重要な点であるが、技術的にはやはり頸部《けいぶ》や三道《さんどう》を造り出す腕がなかったのである。ただ仏身石をやや彫りくぼめて、上にのせた仏頭が転げ落ちない程度の細工がしてある。しかし私から見れば、これは大きな石に小さな丸石を載せて、自然石仏とした一種の自然崇拝が先行したとおもうので、作者はとくに頸を彫る必要を感じなかったかもしれない。

仏身も実は自然石のままでよかったのであるが、村の人々に礼拝させるにはやはりまずいとおもって、袈裟や衣の衣文と印《いん》を結んだ手を彫った。しかしこれも腕がないので写実的に彫り込むことはできなかったのであろう。ただこの袈裟には曰《いわ》く因縁があって、このような自然石積石仏をつくる宗教者の系譜を暗示する。私などがこの積石仏から受ける感動は、仏身の自然石の重厚感と量感、仏面の苦渋に満ちた忍耐感とそしてこの袈裟からくる。というのは、この袈裟は山伏の「執事袈裟《しゅうじげさ》」というもので、行脚《あんぎゃ》のときや労働のときに付けるものである。したがって願主（これがまた彫刻者だろうとおもうが）はこの積石仏は行脚修行する僧または仏を表現しようとしたことがわかる。これは日本仏教史の「隠された十字架」であって、最近ようやく解明の緒についたばかりである。その点からこの石仏を見ると、「面白いもの」どころか、きわめて「厳粛なもの」といわなければならない。

なお「執事袈裟」という言葉はあまりポピュラーでないので説明を加えておくが、物としては南都の坊さんがよく肩から斜めにかける幅の細い瑜祇《ゆぎ》袈裟とおなじで、これが変化して禅宗の坊さんが小形のヨダレ掛けのように首から下げる掛絡《から》になったのである。いずれもインドの袈裟《カサーヤ》の略袈裟のようにいわれるが、輪袈裟《わげさ》もふくめてすべて修験道の結袈裟《ゆいげさ》から出ている。このことは私の『修験道入門』（角川書店、一九八〇年）の「山伏の服装」にくわしく説明しておいたが、私の校注した『木葉衣・鈴懸衣・踏雲録事』（東洋文庫、平凡社、一九七五年）には次のようにある。

> また一種の衣あり。執事袈裟と名づく。（中略）これは全く磨紫金《ましこ》衣を略作せるものにして、道路往還或いは房中（室内）雑事等を弁ずる時用いるが故に、執事袈裟の名もこれあるものなり。

すなわち本来は山伏が行脚するのに、首から掛けたもので、この石仏を作った一派は、弁慶のように菊綴《きくとじ》のついた結袈裟よりも、執事袈裟を掛けることを好んだものとおもわれる。

十　弾誓の仏頭伝授の伝統

私は日本独特の修験道という自然宗教は、自然の山や海や河や石、洞窟、樹木または動物などを崇拝の対象にしたものとかんがえている。これらは神や仏の顕現したものとする信仰と教理をもっていたからで、それは自然物としての石や木ではない。ただ巨大な巌石であるとか立石であるとか、なんらかの特色のある石や木が、神仏の顕現という信仰を生む。万治の石仏として仏頭を載せて崇拝された石も、烏帽子《えぼし》岩とよばれたらしいので、そのままでも不思議な石だったのであろう。

しかし私はまた逆に万治の石仏から、山伏は山中で烏帽子岩のような石があれば、首にあたる丸石を載せて、石仏として勤行《ごんぎょう》礼拝した時代があるだろうと推定している。その丸石には仏面が彫られてなくとも、仏頭と観念すればそれでよいわけで、のちにはこれに目鼻をつけて携行し、山中いたるところで烏帽子岩があれば勤行したであろうとおもう。今も修験の山には伝承が不明になった拝所《はいしょ》（秘所）に石があるのは、このような儀礼があったからかもしれない。

ところが最近「仏頭伝授」といって、仏頭を重んずる修験道の一派があったことが分かってきた。これは木製の「仏頭」であるけれども現存する。それは京都大原の三千院から一キロ北にあたる古知谷《こちだに》の阿弥陀《あみだ》寺の仏頭で、この寺を開いた弾誓《たんせい》上人の遺品である。弾誓上人の修験道が一般の修験道と異なるところは、本山派とか当山派のような組織をもたず、大峯山とか出羽三山などに集団入峰もしないで、孤独な窟籠《いわやごも》りの修行をする点である。また一般修験道が密教を理想として、大日如来と一体化する即身成仏《そくしんじょうぶつ》を目的とするのに対して、この一派は念仏を理想として、阿弥陀如来と一体化する即身成仏を目的とする。

この伝統は中世にもあって、専修念仏でありながら修験道を実践する一派のあることも分かってきて、意外にも親鸞の長子（義絶された善鸞）も嫡孫（親鸞の娘、覚信尼の長子唯善）もこれに属していたとおもわれるのである。まさに日本仏教史の「隠された十字架」といったのはこのことで、一つの伏水のごとく潜み流れていた一露頭が、近世初頭の弾誓上人にあらわれたということができる。

また仏頭伝授という師資相承《ししそうじょう》の形式がいつできたかもまだあきらかでないが、『弾誓上人絵詞《えことば》伝』（箱根塔の峰阿弥陀寺蔵）には、慶長二年（一五九七）十月十五日の夜、佐渡檀特山《だんとくさん》の岩洞に阿弥陀如来があらわれ、一座説法ののち、弾誓に仏頭を賜わ

『弾誓上人絵詞伝』　阿弥陀如来が弾誓上人に仏頭を授ける（箱根阿弥陀寺蔵、箱根町立郷土資料館提供）

ったとなっている。

説法既に終れる時、白蓮所乗《びやくれんしよじよう》の尊影をもち、観音大悲の御手よりも、弾誓に給はりぬ。時に則阿弥陀如来、最極大事の念仏を悉《ことごとく》授つつ、おのおの本土に帰まし、一会《いちゐ》の化儀《けぎ》もはやうせぬ、上人（弾誓）歓喜身に余り、夢とも更に弁《わきま》へず、みぐし（仏頭）は今に伝て、大原の御寺（古知谷阿弥陀寺）に安置せり。

この段は古知谷本『弾誓上人絵詞伝』（刊本）では「観音大士手づから、白蓮所乗の仏頭をもつて上人に授け給ふ。是伝法の印璽《いんじ》なり。本師《ほんじ》如来は前三重後三重等の秘法を授けたまへり」とあって、あきらかに「仏頭伝授」であったことと、修験道の秘密伝法があったことをのべている。

この伝授の儀礼では受者の頭上にのせて、即身成仏したことをあらわしたものであろうが、この「仏頭伝授」が万治の石仏をつくる動機《モチーフ》であろうということに気付いたのは、昭和五十三年二月に、箱根塔の峰阿弥陀寺の弾誓上人修行の洞窟を調査していて、一つの小さな石の仏頭を拾ったときであった。これが仏頭伝授につかわれたか、自然石の上にのせて礼拝されたかは証明できない。しかしこのモチーフが万治の石仏という異様で不思議な積石仏を生んだであろうという推定は、まず間違いはないとおもう。

もっともこの推定をたすけたのは、信濃の郷土史家で信州の念仏碑と弾誓の研究に大きな業績をあげてきた宮島潤子氏が、万治の石仏の造立された万治三年は、弾誓の五十回忌にあたることをつきとめたことである。これは弾誓が信州でもっとも長く滞在した上諏訪の唐沢《からさわ》阿弥陀寺の賽の河原で、「弾誓爪書《つめがき》の名号」といわれる摩滅した名号碑に「万治三年庚子《かのえね》年五月二十五日」とあることから、気のついた説である。おそらく五十回忌法要ののち弾誓の遺跡に建碑するとともに、弾誓の生命ともいうべき仏頭伝授をあらわす積石仏が作られたのであろう。

弾誓の仏頭伝授は自然宗教、または原始宗教時代の修験道の自然石崇拝が基礎となり、真言念仏の「宝冠の弥陀」の思想が入って、宝冠の代わりに仏頭をもちいたものとおもわれる。しかし石の小仏頭を携行して、それを載せた石を仏身とし、随所で勤行するという仏頭崇拝があったこともたしかであろう。弾誓はこれを弾誓一流の教団の儀礼として、「仏説弾誓経」をつくり、「前三重後三重切紙《きりがみ》伝授」という教理もととのえたが、この教団は長つづきしなかった。それは仏頭伝授をうけて弾誓法流を継ぐことのできる者は、きびしい窟籠りと木食《もくじき》その他の戒をまもらなければならなかったから、後継者が絶えたのである。そしてその遺跡は天台宗または浄土宗に組み込まれて、平凡な寺院になった。しかしその事績は万治の石仏として永久に伝えられることになったものである。

第四章　列石信仰

一　磐境と列石

石を積むことによって信仰を表現する積石信仰に対して、石を並べる信仰があることは、環状列石（ストーンサークル）や神籠石《こうごいし》を見れば一目瞭然《いちもくりようぜん》である。これらは多く古代遺跡であるし、記録も文献もないので、その信仰内容はよく分かっていない。しかしそれは、石を積む信仰が石塔や石碑にのこっているように、神域や墓域の石の玉垣が列石からきているということもあるので、一応考察しておく必要があろう。

古代の宗教遺跡としての磐境《いわさか》も、列石であることが多いが、これが自然のままなのか、人為的に並べたのかが、はっきりしない。大和の三輪山の山中にはいくつかの磐境があり、特に西麓の狭井《さい》川の上流には自然石を組み合わせた人為的な磐境があって、その下には拳大《こぶしだい》の河原石が敷きつめてある。したがってこの遺跡は古墳であるという説（高橋健自氏）と磐境祭祀《さいし》遺跡という説（大場磐雄、樋口清之、森本六爾氏等）があるけれども、出土遺物（鏡、玉、土師《はじ》器、須恵《すえ》器のほか、匏《ひさご》、柄杓《ひしやく》、臼杵《うすき》、箕《み》、俎《まないた》等の土製模造品）にも決め手がない。しかし大場氏や樋口氏等が、三輪山は神奈備《かんなび》（神霊のこもる御室《みむろ》の山または森）だから古墳ではありえない、と考えたのは問題で、三輪山に「むくろ谷」があったことは、この山が葬場だったことを暗示するものである。私はこのことを「大和三輪山の山岳信仰」（『近畿霊山と修験道』山岳宗教史研究叢書11、名著出版、一九七八年）で論じたことがある。最近では山岳信仰の起源は、むしろその山麓が葬場だったことにより、死者の荒魂《あらみたま》が山神としてまつられたという説に傾いている。その荒魂が『日本書紀』（崇神《すじん》天皇五年―七年）にいう「大物主《おおものぬし》神」（もののけ）で、大己貴《おおなむち》神の荒魂とされる。私はこの記事の中に「磯城《しき》神《ひも》籬《ろぎ》」とあるのは石を周囲に並べて、その中に御霊代《みたましろ》の常磐木《ときわぎ》の神籬を立てることであったとおもう。

列石遺跡については、常に墳墓説と祭祀遺跡説が対立するが、三輪山を神体山とする先入観があるために墳墓説が否定されるとすれば、私の前掲論文では、三輪山は神体山でない理由を詳しく述べてある。山岳信仰研究に死を忌む神道説が優勢であったときは、このようなことは考えられなかったのであるが、現在では環状列石についても、墳墓説がほぼ支配的である。磐境や列石遺跡が祭祀《さいし》址《あと》であるという説は、多く神職者が主張していることでもわかるが、これは飛騨《ひだ》の丹生《にゅう》川《かわ》村の位《くらい》山の多くの遺跡や、出雲《いずも》と備後《びんご》の境の比婆《ひば》山（伊弉冉《いざなみ》尊の陵という）の遺跡についても同じことがいえる。京都上賀茂神社の神体山といわれてきた神山《こうやま》にも列石遺跡があり、これが「みあれの御囲《みかこい》」の旧址《きゅうし》とされている。そして私はこの御囲こそ、賀茂県主《あがたぬし》一族の始祖（別雷神《わけいかずち》）の「殯《もがり》」と推定しており、現在五月十二日に上賀茂神社境内の「みあれ野」に御囲を立てて「みあれ祭」をするのは、賀茂県主の私祭で、五月十五日の葵《あおい》祭《まつり》は別雷神に勅使が幣帛《へいはく》を捧《ささ》げる官祭であるとおもう。

　環状列石と墳墓の関係はのちに述べたいが、磐境と環状列石の相違は、磐境が不規則な石の配列であるのに対し、環状列石は規則的であり、また幾何学的でさえある。磐境は数個の自然石の散乱が偶然一まとまりになっているため、人為的かどうか判断に苦しむ場合も少なくない。九州の国東《くにさき》半島にはよくそのような磐境がある。同じ九州の求菩提《くぼて》山は先日「即身成仏の実験」がおこなわれて一躍有名になったが、山頂には巨大な自然石の散乱が一面に見られ、この自然景観がこの山の山岳信仰の一つの源泉である。しかしもう一つ大切なのは五窟《くつ》（大日窟、普賢窟、多聞窟、吉祥窟、阿弥陀窟）で、この方は納埋経の前は納骨がおこなわれ、その起源には葬所があった可能性が大きい。

このように列石には自然列石と人為列石があり、自然列石を磐座《いわくら》とし、人為列石を磐境《いわさか》とする説もある。大場磐雄氏は『神道考古学論攷』（一九四三年）に収めた「磐座・磐境等の考古学的考察」の註に、

日本書紀通釈に磐境をイハクラと訓み、その証として大三輪三社鎮座次第を引き、同書の劈頭《へきとう》に奥津磐坐、中津磐坐、辺津磐坐と見え、（中略）両語共同一意義であるとしているのであるが、右は仔細に見ると前の磐坐と後の磐境とは別であって、磐境の方は新たに起し立て、磐坐の方は前々より存在せる磐に神の降臨ましましたことを意味し、内容を異にすることが知り得られる。

とのべている。しかし私は磐境は数個または数十個の石をほぼ円形なり方形なりに配列して、その中に神籬《ひもろぎ》を立てて神をまつるもので、「磯城《しき》神籬」がこれにあたるとおもう。「城《き》」は「柵《き》」とも書いて、木を立てれば柵《さく》となる。すなわち磐（磯）の柵を意味するから、人工的に配列された列石である。

私はこのような列石（磯城＝磐境）は、神霊の荒魂を封鎖するために造られるもの

で、その列石そのものが御霊代《みたましろ》（依代《よりしろ》）ではないと考えている。この点で従来の神道家や神道考古学者と、宗教民俗学の見解は違うのである。『常陸《ひたち》風土記』（久慈郡）の「賀比礼《かびれ》の高峰《たかね》」の神は「神の崇甚厳《たたりいとおごそか》」なる神であったが、この高峰はいま高鈴山《たかすずやま》（茨城県日立市入四間《いりしけん》）とよばれ、山頂の石柵に囲まれた中にまつられている。これも荒魂を封じ込める磐境の一種であろう。このような発想で私は磐境を見ているが、従来は磐境と磐座を厳密に分けて考えなかった。そして磐座といえば一個の立石や巨石を指し、前にのべた摂津槻峰寺《つきみねでら》の上宮、剣尾《けんび》山頂の櫃石《ひついし》なども磐座である。つまりその磐を神座《かみくら》として神が出現、影向《ようごう》する石ということになる。ところで今は列石信仰を問題にしているので、当面は列石としての磐境をとりあげることとする。

二　ヨーロッパの列石遺跡

考古学の方では普通列石という名称は、外国の先史巨石文化《メガリス》遺跡に多いアリニュマン（Alignement）やクロムレック（Cromlech）を指している。日本の環状列石はこれに比較すれば規模も小さいし、あまり考古学者の注意も引かない。しかし神籠石《こうごいし》は日本の一つの巨石文化といってよいので早くから注目を集め、山城《やまじろ》説と祭祀《さいし》遺跡説が対立している。そこで、ここでは私の見た外国の列石遺跡を簡単に紹介しておくことにしよう。

フランスの西海岸のブルターニュ地方はメニィール（Menhir）とよばれる巨大立石とアリニュマンの宝庫として知られるが、その中心のカルナックは学生時代の考古学教科書で習ったし、たびたびテレビでも紹介されている。それで私の憬《あこが》れの地の一つだったので、昭和五十一年にパリ大学へ招聘《しょうへい》されたとき、復活祭休暇を利用して行ってみた。四月下旬の百花繚乱の季節だったから、すばらしい旅行であった。カルナックはナントの西一五〇キロぐらいの海岸の町で、今は避暑地である。その郊外に有名なアリニュマンがあって、千九本の巨大立石が二列に三キロほど続いている。この列石は道路で二分されていて、西の方の海岸に近いものほど大きく、東の方がやや小さくなるのにも何か意味がありそうにおもわれた。石は高さ三乃至四メートルで、四、五十トンの重さがあるという。一直線の列石であるけれども、その一端は半円形に配列されており、この聖所に至る参拝路の観もある。おそらくゲルマン以前の先住民の宗教施設だろうといわれるだけで、その謎はまったく解かれていない。ただほぼ東西に走っているので、太陽崇拝の遺跡ではないかといわれているだけである。しかしこのアリニュマンからはなれて、アジョン（刺《とげ》えにしだ）の叢《くさむら》にかくれた石などは、墓だったのではないかとおもわれるものがある。そしてこのあたりにはティミリス（塚）やドルメンの墳墓が多いので、これらと関係があるかもしれない。私の見たのはメネックのアリニュマンであったが、その東にはケルマリオのアリニュマンやケルレスカンのアリニュマンがあり、カルナックがゲルマン以前の聖地であったことは疑いがない。そのほかにブルターニュにはクロムレック（環状列石）があると聞いていたが、見学の余裕がなかった。

しかし私は有名なクロムレックをイングランドで見ることができた。イギリスではクロムレックをストーンヘンジ（Stonehenge）というが、その大きなものは南イングランドのマールボロー丘陵《ダウンズ》に多い。マールボローは煙草の名で知られているけれども、ロンドンからマールボローへ行く途中には、ウィスキーの名で知られるホワイトホースの丘がある。丘の頂上の平地に白い砂石を敷いて馬の形が描かれているという。しかしその全体は飛行機かヘリコプターでないと見えないので、古代人がどうしてこの図を地上に描くことができたか、まったく謎といわれる。

エーヴブリーのストーンヘンジはそのマールボローから二〇キロぐらいのところで、広漠たる羊の放牧場の中にある。前夜は近くのお城のような未亡人の牧場主の館《やかた》に民宿（ベッド・アンド・ブレックファスト）で泊まったので、すぐ近い距離であった。いまはこの遺跡の中に村ができてしまっているけれども、普通ストーンヘンジとおもわれている二つの環状列石の外に、大きな円形の濠と堤があって、これに沿って巨大な環状列石があったことが、最近わかってきた。そしてその復元図もできている。その大環状列石に四つの出入口があった。いまは倒れた石を起こしたり、欠失したところにはコンクリートの基石を置いたりして、原形がわかるようにしている。このような費用は文化財のナショナル・トラストというものがあって、国民の寄付金と史蹟観光地の絵葉書と土産品の売上げ利益金を充てている。国家は文化財の保護には金を一切出さないし、入場料を一文も取らないのである。しかしエーヴブリーには中世領主の個人の荘園館《マヌーアハウス》があって、これは拝観料を取っていた。

エーヴブリー遺跡の二つの環状列石のうち、中央列石《センターサークル》とよばれるのが三二〇フィート（九八メートル）の直径の円に、三十個の立石が立っていたのであるが、現在オリジナルな石は四個しかない。高さも形状もまちまちであるけれども、二メートルから三メートルのものが多い。もう一つの環状列石は南列石《サウスサークル》とよばれるもので、三十二個の石が立っていたが、オリジナルは五個である。この円形の中心には二一フィート（六・四メートル）の巨大な立石が倒れており、十八世紀までは立っていたという。そしてこの中心には一直線に並んだ小石があったりして、その謎はますます深くなるばかりだという。しかし一応現在わかっていることは、この遺跡をつくったのは後期新石器時代のビーカー人《フォーク》（金石併用時代のヨーロッパで、ビーカー状の鐘形杯土器《かねがたはい》文化を担った人種）だろうといい、その年代は紀元前二〇〇〇年から一六〇〇年までの間といわれる。そしてこの遺跡から聖所《サンクチユアリ》にいたる通路には、立石の下から墓とその副葬品が発見されるという。しかしこの環状列石がいかなる宗教儀礼につかわれたかは、まったくわからない。

私はまたグロースターからオックスフォードへ出る途中（地名忘失）の野中の路傍でも、小規模のストーンサークルを見たが、ここでは石はほとんど完全にのこっており、円形の野外の集会所のような観があった。日本でも沖縄各地の御嶽《うたき》にこのような聖域を見ることができる。もちろんこの集会所は宗教儀礼のときだけ使われたのであろうが、ギリシア、ローマのコロシアム（円形劇場）も、これが巨大化したのであろうと私はおもった。

三　環状列石の謎

列石遺跡はヨーロッパばかりでなく、日本にもあるが、規模が小さい。そして形態も地味であるために研究者が少なく、考古学からは見捨てられたような形で、雑草に埋もれたものが多い。しかし九州の神籠石《こうごいし》のように、一時期論争の的になったものがあり、また秋田県の十和田湖に近い大湯の環状列石は、世界にも類の少ない美しい列石ではないかとおもう。

子供なども石をならべて遊ぶことは普通だから、原始人が何かの目的でいろいろの形の列石をつくることは、十分にありうる。ところが生活意識や文化意識、宗教観念がかわってしまうと、何の目的で列石をつくったかがわからなくなる。それで列石はたいてい謎としてのこされており、いろいろの説が出されては消えてゆく。古代史は謎が多いので、専門の歴史家は失敗をおそれて、十分な資料的根拠がなければ発言しない。したがって今流行の耶馬台国《やまたいこく》論争のように、野の歴史家の提案が多くなり、専門家は横目でにらんでいるという格好である。しかし原始古代史に決定的文献が出ることはまずありえないから、この謎はどこまでも謎でのこり、野の歴史家もいつまでも生甲斐を感ずることができるだろうとおもう。

しかし列石といっても大きいのは九州高良山《こうらさん》神籠石のように、何トンもの巨石をならべるものもあれば、拳大《こぶしだい》の石をつかったものもある。その配列は日本では直線配列はきわめて少なく、円形か楕円形《だえんけい》が多いが、これも数キロメートルから数十センチまである。大きな列石は古代城郭説が有力で、天文観測台説などもある。しかし小さなものはなんらかの意味で墳墓に関係があるらしくおもわれ、宗教的目的をもって配列されたであろう。すでにのべたように、磐境《いわさか》は自然に積まれた石塊群を礼拝対象にすることが多いが、人為的に積まれたり、列《なら》べられたりするものもある。そしてそれにも墳墓説があることは、すでにのべたとおりである。

沖縄の御嶽《うたき》とよばれる聖地の積石や列石もしばしば人骨を出すので、風葬墳墓であろうといわれる。すなわち古代では石には霊魂の荒魂《あらみたま》を鎮める鎮魂呪力があると信じられたから、石で死体の周囲をかこむことによって、荒魂がすさび出ないでおとなしい和魂《にぎみたま》になるだろうとおもわれたらしい。これが環状列石のつくられた第一次の目的である。もっとも死者の荒魂を抑圧するには大きな石を載せることも、効果があると信じられた。それで大きな平石を死者の胸に載せた人骨が出ることがある。抱石葬《だきいしそう》とよばれるが、これではあまり可哀そうだとおもうような段階で、この平石の四隅に支え石をおいてそれに載せ、死体と平石との間にわずかの空間をおいた墓も多い。支石《しせき》墓《ぼ》とよばれるもので、後になるほど支え石は高くなり、死体との空間が大きくなる。このような墓の封土（土饅頭《どまんじゆう》）と人骨がなくなると、四足テーブルのような石がのこるのでテーブルストーンともドルメンともいう。支石墓、ドルメンは二石で支える場合もある。

私は支石墓の残存は現在の角柱型石塔の台石に、亀足として見られるとおもう。現在の墓相学というものには、ほとんど宗教的根拠はないが、宗教学的な意味での墓相の良否は存在する。これについてはのちにのべることとして、亀足を墓相学が凶相とするのは根拠はない。概して亀足のある墓は大きく高いので、宗教的シンボルとしての墓は巨大である必要はないと言うことはできよう。しかし亀足を古代支石墓の支石の残存と解釈すれば、その存在理由は理解できるのである。そして面白いことに、四国の秘境といわれる祖谷山《いややま》の東祖谷山村阿佐《あさ》の墓地は、四角の平石を載せるだけで角柱形の石がないが、この平石の四隅に拳大の石を置く。おそらく支石墓の支石のシンボルとして置かれたものであろうとおもう。

次に環状列石は東北地方から北海道に多いが、北海道忍路《おしよろ》郡塩谷村土湯の三笠山にある環状石籬《せきり》は有名である。これは明治時代の考古学者がストーンサークルの訳語として環状石籬とよんだので、そのままよばれている。ここには環状列石が二つあって、一つは径一〇メートルの円形、一つは径三〇メートルと二二メートルの楕円形に立石を列べてある。立石の高さは一メートルぐらいで、付近のアイヌ集落の人びとはここに鮭を供えてまつったという。外国人の研究者によって天文観測所説が出されたけれども、現在ではアイヌの墳墓と考えられ、このサークルの中に数ヵ所の墓壙《ぼこう》と、これを埋めた小石の積石が見られる。しかるべき死者の墓域を、立石で円形に囲った環状列石であろうと推定される。

そのほか私は旭川市に近い神居《かむい》古《こ》潭《たん》と音江《おとえ》の環状列石を見たが、蕗《ふき》に埋もれた小規模のものであった。多くは径一メートルぐらいの円形で、その中は積石で埋められた土壙になっている。これではいかに屈葬してもこの中に死体を埋葬できるはずもない。そうとすれば他に葬られた死者の骨をあつめて、この中に改葬または二次葬したのではないかという推定が成り立つ。そして多くのストーンサークルは、この推定をたすけるものが多いのである。このようなものは盛岡付近の住宅団地をつくるときに多数発掘されるというので、私は土壙の下の土壌から、人骨のカルシュウムが分析できるかどうか友人に依頼しておいたが、それは二、三千年以上経《た》つので、不可能だったということであった。しかし盛岡あたりでは径三〇センチぐらいの小さなストーンサークルもあるというので謎は解けない。北海道ではストーンサークルの中から、翡《ひ》翠《すい》飾玉、朱漆《しゅうるし》短弓、黒曜石鏃《こくようせきぞく》とともに縄文後期の土器片が出ているので、その時代のものであることはまちがいないであろう。

日本の環状列石で、秋田県大湯遺跡のものほど美しいものはない。ここは秋田県側

大湯環状列石の一部（秋田県鹿角市）

から十和田湖へ行く者の通過する大湯温泉の近くにあって、花輪—大湯県道の東西に直径四八メートルと四二メートルの二つの環状列石がある。西を万座遺跡、東を野中堂遺跡とよぶが、それぞれのサークルの中に四、五十の小サークルがあり、大小二重の環状列石である。小サークルは日時計とよばれたように、中央に一メートルほどの立石を立て、そこから放射状に五、六十センチの長石をならべて、時計の文字盤のようにする。向日葵《ひまわり》の花が開いたように美しい。これが大サークルの中に一面に配列されているので、石で造型された花壇のようである。小サークルの一番外側も長石で円を描いている。昔から謎とされて、日時計説と祭祀遺跡説があったが、他所の環状列石と比較して、縄文後期の墳墓としてよいであろう。そうすると中心に立てた立石は、後の墳墓の角柱型石塔につながるものであるが、一般に墓の中心に立てる霊の依代《よりしろ》はヒモロギ状の木の枝が多いから、これを石とする種族または文化が存在したのであろう。昭和二十六年から二十七年にかけての大発掘調査では、地下から遺物を発見することはできなかった。

四　神籠石と山岳信仰

日本の巨大文化の一つにかぞえられる神籠《こうご》石《いし》は、一時、山上祭祀遺跡説が優勢であったが、現在は朝鮮式山城《やまじろ》という説にかたむいている。その代表的なものが高良山《こうらさん》神籠石で、福岡県久留米市御井町の高良神社（筑後国《ちくごのくに》一之宮）の背後にあるというのも、朝鮮（高麗《こうらい》）との関係を暗示する。高さ一メートル内外の切石を延々二キロにわたって並べているが、敵を防御する山城としては低すぎるという反論もある。しかし、古代の城郭は純粋に軍事的な目的だけでなしに、宗教的聖域としても敵の侵入を拒否する目的をもっていた。したがってこの列石が本殿の裏からはじまって山腹を三分の二周し、神社の西方の虚空蔵堂で終わっているのも、その宗教性をあらわすものといえよう。現在残っているのは一五〇〇メートルであるが、もとは二五〇〇メートルにわたって完全に一周していたであろうという。

神籠石につかわれた石材は大部分この山中の岩石で、これを一メートル前後に削平《さくへい》して上面をそろえている。純粋に軍事的な目的ならば、このような手数をかける必要はないであろう。ちょうど近世の築城の石垣のように、美観とともに権威のシンボルをねらったようにもおもわれる。朝鮮式山城の発見は瀬戸内海沿岸の各地でもおこなわれているが、これも山岳信仰との関係を考察しないと、本質を明らかにすることができない。このような山城遺跡には、たいてい水門址《あと》という石組が存在するけれども、これも実用のほかに何か宗教的意味があるかもしれない。高良山神籠石でも昭和五年に南谷で、埋没した水門址が発見されている。

大規模な水門址をもった遺跡としては、雷山神籠《らいざん》石がある。この遺跡は博多の西背《せ》振山地《ぶりさんち》内で、雷山（九五五メートル）の山腹にある。背振山地は筑前《ちくぜん》と肥前《ひぜん》を境する連山でできており、背振山（一〇五四・六メートル）を主峰として金山《かな》（九六七メートル）、雷山、羽金《はがね》山（九〇〇メートル）等から成り、背振山修験の栄えた山である。その中の雷山にも奈良時代に清賀上人なるものが雷音寺《らいおんじ》を開いたというので、やはり山岳信仰があったものとおもわれるが、雷音寺の前はこの神籠石になんらかの山岳信仰があったものであろう。雷音寺はのちに千如《せんによ》寺と改称し、多数の僧坊があったけれども、今は大悲王院（雷《いかずち》観世音）がのこるだけである。しかし、この一丈六尺の千手千眼観音立像や清賀上人座像などは、往時の山岳信仰の盛大をしのばしむるに十分で、これが神籠石遺跡にしめされる六、七世紀にさかのぼるものであることが推定されよう。

この神籠石の特徴は水門で、高良山とおなじ一メートル前後の切石垣が直線状に二列に並列し、これに水門を開けている。高良山の神籠石がほぼ円形に山の中腹をとりまいているのに対し、ここの神籠石は谷川を横切ってダムの堰堤《えんてい》のように構築されている。山頂にちかい列石は長さ二三七メートル、谷川の下流の方の列石は七八メートルで、この下流の列石の間に大小三ヵ所の水門がある。山頂の方の水門は破壊されたが、下流の方は築造当時のままとおもわれ、たまった渓水が奔流している。その位置は標高四〇〇メートルであるが、雷山川となって山麓の水田をうるおす水を調節できたのではないかとおもう。

したがってこの神籠石とともに水門が信仰対象になるのは当然で、山麓の民は耕作の始めと終わりに水門の祭をおこなったであろうし、その水神の本地仏として千手観音をまつり、その祭をおこなう山岳宗教者が清賀上人であったろう。このように考えると雷山神籠石の築造者は朝鮮系渡来人とだけは言えないのであって、朝鮮系の技術を持った山岳宗教者としても差し支えない。そして山神と水神の恩恵に対する信仰の名において山麓の民の労力を動員し、灌漑《かんがい》用水調節の神籠石の列石を築造したことが考えられる。もちろん最初の列石の築造は城郭を目的としたであろうが、平和時には水門によって稲作生産のために、役立てたのではないかとおもう。

神籠石の謎はそれほど簡単には解きがたいが、雷山も高良山も山岳信仰の山であることは注意しなければならない。雷山の西の女岳《めだけ》（七四八メートル）にも神籠石があり、ほかに鹿毛馬《かげのうま》、御所ヶ谷（福岡県）などの神籠石、または帯隈山《おぶくま》（佐賀県）、石城山（山口県）などにも神籠石があるので、これらの信仰的背景に山岳信仰があることを今後は明らかにしてゆきたいとおもう。

第五章　道祖神信仰

一　石像の象徴性

石の宗教性は自然石において十分に発揮されたが、その自然石にも天然自然の成形があり、これを人工で造型する要求がおこったものとおもわれる。そのもっとも起源的なものが陰陽石だったのではないかとおもう。

陽石は実用につくられた石棒や石杵《いしきね》を宗教的目的に転用し、これを立てて礼拝、祈願することがおこなわれた。石棒が路傍に数本立てられていた光景は、私も戦前にしばしば見ている。忘れられないのは、昭和十九年（一九四四）の十一月九日だったとおもうが、サイパン島陥落後、B29大型爆撃機が東京上空にあらわれた日、そのサイレンに追われるように中央線で新宿駅を出て、富士見に一泊、翌日上伊那美和村（現長谷村）溝ノ口で辻の石棒を見たときである。

このときは三本ほどの石棒を見たが、その背後には藁葺《わらぶき》の辻堂があった。その後、昭和四十三年に長谷村の総合民俗調査をおこなったときは、辻堂はあったが石棒はなくなっていた。しかし少し奥へ入った杉島あたりには、道祖神碑とともに陽石、陰石がまだ多数のこっていた。そこで通りかかった婦人に、この石の信仰やいわれを聞こうとしたら、顔をそむけて走り去ってしまった。このような石造宗教遺物を恥ずかしいとおもうようになって、石は撤去されていくのである。

そこでは自然石の陽石と陰石であったから、何千年も前からこの村にあって、多くの人の祈願にこたえ、苦痛を救ってきたのであろう。信仰というものは、つねに信ずる側の方にあるので、信じられる対象物は石でも木でも動物でも人間でもよいのであるが、そこには何か人を信じせしめるシンボルが必要である。人間ならば想像を絶する苦行に堪えたとか、無欲無我の救済行動をしたとか、一見わかるような風躰《ふうてい》、面構《つらがまえ》がシンボルになる。動物では神出鬼没の動作や鳴声が、神の化身動物のシンボルである。神木といわれるものも、きわめて巨大な古木であったり、不思議な枝振りであったりする。石の場合は不思議な形が動物や人間に似ているということもあるが、もっとも普通なのは、男根、女根に似ているということである。

宗教というものの生命は象徴である。日本国憲法の天皇条項にはいろいろの解釈が

「道祖神」「庚申」等の石塔群（長野県長谷村）

あるらしいが、私は天皇を象徴化したのは、政治権力の座から降ろして、宗教の座にまつりあげたものと理解している。宗教は生々しい現実から離れた精神活動なので、政治や経済活動や社会運動にはなじまないのである。したがって宗教の信仰対象は、人間ならば簾《すだれ》やヴェールの彼方に居るのがよいのだし、御神体は本殿の奥深く鎮座し、本尊は秘仏であった方が、御利益が大きいとおもわれる。だから拝観料をとって観光物にした神像や仏像は、宗教の抜け殻である。おなじように写実的仏像などというのは、美術にはなるかも知れないが、宗教にはならない。一般に鎌倉時代以後の仏像はありがたくない、といわれるのはそのためである。

その点で石を素材とする造型は写実的表現

陽石（上）と陰石（下）（長野県長谷村）

が困難なので、かえって庶民信仰の対象になりやすい。ことに風化すればいっそうディテールが磨滅して、石は象徴化する。人々が「野の仏」などといってよろこぶのも、そのような石仏である。そこで原始的な石の造型が、男根、女根であったということは、これが祖先のシンボルだったためである。それを近代になるにつれて、祖先であることをわすれて、性的な興味をもつようになったので、恥ずかしいという羞恥《しゅうち》心をおこしたり、道徳的価値判断から「淫祠《いんし》邪教」といったのである。明治維新の宗教政策の一つに「淫祠邪教の禁」があって、撤去処分された石棒は莫大だったという。いま各地の考古資料館などで、石棒や石杵として陳列されている完形品には、そのときの撤去物が多いといわれる。

これらの石棒はそれまでみな道祖神としてまつられていたのである。道祖神は芭蕉の『おくのほそ道』に、

そぞろ神の物につきて心をくるはせ、道祖神のまねきにあひて取るもの手につかず

とあるように、旅行の神とされたが、これは道祖神の「道」に関係づけたからである。しかし多くの道祖神の信仰は、男女和合、子孫繁昌、家内富貴、五穀豊穣が主たるもので、旅の守護神というのはむしろすくない。すなわち道祖神は「祖」の方に重点があり、私見としては「同祖神《どうろく》」として、同族がその祖先神をまつったものではないかとおもう。これが道教の道禄神（道陸神）とむすんで、道の神になったのかもしれない。

石棒形の道祖神はまた荒帚神《あらはばき》といい、東北地方の叢祠《そうし》で、戦前までは男根形の木の棒を山のように奉納してあった。これはかつて特効薬のない時代の性病の神であったという。男女和合の神というのが、転じて性の神、または性病の神になったのである。あまり他人に相談できない孤独な病気を、この神に訴える人が多かったのであろうが、最近私は紀州の加太《かだ》の淡島明神の境内を見て、今もその祈願の多いのにおどろ

いた。この神には男性よりも女性の祈願が多い。淡島明神の縁起は、インドから流された王妃の話になり、また少彦名《すくなひこな》神をまつったことになっているが、その古代的発祥は海の民の道祖神（同祖神）を常世《とこよ》から迎えてまつったのではないかとおもう。『今昔物語集』（巻十三第三十四話）には紀州美奈部《みなべ》（南部）の海辺の道祖を小柴《こしば》船に乗せて海上に流し放った話があるからで、これは道祖神が海の彼方の常世（補陀落《ふだらく》）との間を、去来する信仰があったことをしめしている。

この『今昔物語集』の道祖神は男根形であったと推定されるけれども、普通は女根形も一緒にまつったらしくおもわれる。すなわち、

> 道祖ノ神ノ形ヲ造タル有リ。其ノ形旧《ふる》ク朽テ多ノ年ヲ経タリト見ユ。男ノ形ノミ有テ女ノ形ハ无《な》シ。前ニ板ニ書タル絵馬有リ。足ノ所破レタリ。（中略）今此ノ下劣ノ神形ヲ棄テテ、速ニ上品《じやうほん》ノ功徳ノ身ヲ得ムト思フ。（中略）草木ノ枝ヲ以テ小キ柴ノ船ヲ造テ、我ガ木像（道祖神）ヲ乗セテ海ノ上ニ浮テ、其ノ作法ヲ可二見給一ト云テ掻消ツ様ニ失ヌ。（下略）

とあって、平安中期の『本朝法華験記』（下巻）もほぼ同じ話をのせている。この美

奈部の海辺の道祖神というのは、常世（補陀落）へ渡海するという意味で、辺路《へじ》の王子となってからは九十九王子の南部《みなべ》王子（三鍋《みなべ》王子）とよばれたものであろうとおもっている。柴船（葦船《あしぶね》）に乗せられたのは、海の彼方から流れ寄る蛭児《ひるこ》（夷神《えびす》）とおなじだからである。しかもこの『今昔物語集』の道祖神が行疫神《ぎょうえきじん》の仲間であったことは、のちにのべる荒魂《あらみたま》としての道祖神を見る上で、きわめて重要な点である。

二　道祖神の二面性

私がここで道祖神について、すこし詳しく述べるのは、飛鳥で有名な「道祖神石」の意味をあきらかにするためである。この石像は飛鳥時代の石の造型であることが確かであるばかりでなく、その作風も趣向もきわめてすぐれている。これを「謎の石」としておくのは勿体《もったい》ない。かつて東京にはこばれて国立博物館の庭におかれていたが、現在は飛鳥にもどって、奈良国立文化財研究所飛鳥資料館の館内に陳列されている。私も最近、東京以来久しぶりでお目にかかってきたけれども、陳列品とあって庶民の願にこたえられないのは、道祖神の本意ではないだろうとおもう。しかもこれを重文・「石人像」と札をつけているので、道祖神という飛鳥の村人の過去の信仰は無視されている。おそらくどこにも「道祖神」と書いてないから、道祖神といってその理由をと突っ込まれたら困るという、官僚的用心深さのためであろう。

石の宗教はすでにのべたように、第一は自然石崇拝である。第二は石の配列による崇拝で、積石信仰や列石信仰があった。第三は石の造型による崇拝で、そのもっともオリジンになるのが石棒であることをのべた。この石棒はいろいろと発展をするが、その第一が道祖神信仰である。道祖神は男根形石棒と夫婦神像とがあることはよく知られている。しかしどうしてこの二つの似ても似つかぬ形の石を、ともに道祖神というかを説明した人は、一人もいない。また男根形石棒も造型的発展をするが、これは田の神像になったり、地蔵石仏になったりする。もちろん男根形石棒は日本固有の道祖神であり、夫婦神像は渡来石工によって造られた飛鳥道祖神石像の伝統によるものであろうというのが、これから私が述べようとする要旨である。

しかしその前提として道祖神には男女和合や家内富貴、五穀豊穣の福神的神格とともに、たたりやすい忿怒《ふんぬ》神的神格があることをのべておきたい。これは日本的神観念の二面性、または祖霊の恩寵《おんちょう》と懲罰の二面性と私が規定しているものであるが、先祖は勤勉で心正しい子孫をよく護るのに対し、怠惰で家を衰えさせる子孫には、たたりによって警告、懲罰を与えるという現実的な宗教観をあらわす。昔話の「隣の爺型」

とよばれるタイプもこの日本人の宗教観から出てくる。勧善懲悪という道徳観も、この宗教観なしには成立しない。

そうすると、道祖神のもつ二面性は、この神が祖霊の神格化であることによるもので、男女和合や縁結びという信仰は祖霊が子孫を繁昌させ、多くの子孫を生ませようとする神意によるものだということがわかる。また祖先をまつらない子孫には火のたたりがあるといわれるので、正月や二月の道祖神祭にはトンドの火祭をするところが多い。平安時代には陸奥《むつ》の国司となって赴任した藤原実方《さねかた》が、名取《なとり》の道祖神の前を乗馬のまま通ろうとして落馬し、そのまま死んだのは道祖神を怒らせた祟りといわれた。名取の道祖神は奥羽《おうう》随一の道祖神の社であるが、木製の男根形を奉納して祈願するので有名である。これは「たたり神」ほど「あらたかな神」とされるからである。

このように道祖神が忿怒神格をもつことから、道祖神を村境や辻や家の門口にまつり、悪霊や疫病神を入れない信仰が生まれた。その荒魂を内に向けずに、外敵に向けさせようとしたのである。正月、二月の道祖神の火祭はそのためにおこなわれたが、信州はとくにこの祭のさかんな所で、木の棒で男根形の三九郎《さんくろう》人形をつくり、これに「道祖神、三九郎太夫」などと書き、辻の道祖神にあげ、また正月十五日のトンドに焼く。それをサイトヤキともいうのは「塞《さい》の神焼き」のように考えられ、道祖神と塞の神を同一としている。しかし私はサイトは斎灯《さいとう》のことで、穢《けが》れをきよめ悪魔を祓《はら》う火と考える。したがってこれが修験道に入って「柴灯《さいとう》護摩」または「採灯《さいとう》護摩」と書かれるようになったものとおもう。

しかしたしかに道祖神と塞の神は同一の点があったので、村境や辻に道祖神がまつられたのである。また家々の門口にも「門入道《かどにゅうどう》」とか「おつ門《かど》棒」とよばれる男根形の棒を立てるのが、関東北部から甲信越地方である。私はこのように外界から悪霊や疫神を入れしめない呪術や祭を「結界《けっかい》」とよぶが、道祖神の忿怒神格は結界信仰となった。したがって飛鳥の道祖神石像は、男女和合や五穀豊穣の信仰とともに、結界信仰があったものとおもう。これはその他の飛鳥に多い二面石像（両面石像）にも言えることで、道祖神石像を単に噴水に趣向をこらしただけの石像とは言いがたいのである。

三　道祖神の抱擁石像

飛鳥地方には不思議な謎の石が多く、いろいろの伝説や解釈ができている。とくに石神《いしがみ》という地名のところで掘り出された石人像がこの道祖神石である。しかしよく観察すると、明日香村平田の吉備姫王墓《きびひめおう》にあった四体の猿石とよばれる石神像も道祖神石であることがわかるのである。その理由はのちにのべるが、ここではまず石神の道祖神石の方から説明してゆこう。

いうまでもなく、石神という地名も道祖神からついたものであろう。そうするとこの石は「石人像」などというギリシア彫刻のような造型作品ではなくて、神として拝まれた「石神像」であることがわかる。私がこういうと、証拠がなければ何も言わぬ考古学者は、この石神を飛鳥の村人が拝んだという証拠は何もないではないか、というにちがいない。そうすると村人が拝んだという金石文か、記紀の記述か木簡か、あるいは拝んでいる村人の写真でもないかぎり、納得できないということになる。しかしこの石神像のポーズが、江戸時代の道祖神像と類似しておれば、道祖神としての信仰と礼拝があって、石神とよばれたであろうという類推が成り立つ。何故かといえば貴族文化や知識人《インテリ》文化（表層文化）とちがって、庶民文化（基層文化）は古代も中世も近世もあまり変化せずに伝承されて現在にいたっている、という民俗学の基層文化説があるからである。そうすると貴族の古墳や天皇の宮址《ぐうし》や寺址《じし》などの表層文化をあつかう考古学とはちがった視点で、このような石造遺物を解釈する必要があろうし、そうでなければ庶民文化の謎は解けないとおもう。

さきにものべたように、近世に造立された道祖神石像には男女神二体の抱擁像、または並立握手像とでもいうべきものが多い。これはとくに信州から甲州に多く見出されて、写真家や石造美術愛好家の興味の対象になっている。とくに安曇野《あずみの》から塩尻周辺には、重要文化財となっているものがあるので有名である。私はこの間（昭和五十七年四月）、佐渡の弾誓《たんせい》遺跡と、信州上水内郡《かみみのち》小川村虫倉山（一三七八メートル）の中腹にある弾誓、但唱《たんしょう》、山居《さんきょ》などの遺跡洞窟を調査したついでに、安曇野へ立ち寄った。しかし村中めぐってもあの有名な道祖神石像は一体も見出すことができなかった。十五年前には安曇野の山葵田《わさびだ》の湧水《ゆうすい》も清らかだったし、田圃の畦道《あぜみち》にはいたるところに道祖神が立っていた。屋敷の隅にも、道の辻にもあったのであるが、今は一体もない。私は嘆息久しゅうして帰路についた。これはおそらく盗難にあうので、どこかに集めて保存しているのであろう。しかしこれでは村人が道祖神に男女和合や縁結び、安産子育て、五穀豊熟、商売繁昌を祈願することができなくなったわけである。そのような祈願は迷信で、人間の力で何でもできるし、縁結びも離婚も人間の勝手次第だというならば、それは精神の荒廃以外のなにものでもない。道祖神は路傍や辻堂や畦道にあればこそ、花や蠟燭《ろうそく》や線香、菓子などがあげられ、ひそかなる祈りがささげられるのである。そのような精神の安らぎのない社会、不安と不満の受取り手のない社会には、心身症などという得体の知れない危険が渦巻くことになる。

京都市内では道祖神にあたるものが、辻々、町内ごとにまつられる石地蔵である。私はこれは男根形（石棒形）道祖神の仏教化した姿とかんがえているし、本書のメインテーマの一つであるが、京都はさすがに宗教都市だけあって、石地蔵はよくまつられ、格子戸の祠《ほこら》にはお茶や供物や線香が絶えない。これは京都が保守的だからというのでなく、庶民を大事にし、伝統に価値をみとめる町だからであろう。

私は日本人の祖神のもっとも素朴な造型は、石棒（男根）と土偶や石偶であったとおもうが、土偶、石偶は多く乳房と女根を表現した女性像である。このような素朴な造型は外来の仏像の影響で、神像化したり仏像化したりする。そのプロセスであらわれたのが飛鳥の道祖神石や猿石であったとおもう。これらの石神像はみな漫画のように道化た顔をしたり、男根を両手に抱え込んだりしているために、石工の悪戯《いたずら》だろうという説が一般的である。しかもその石工は渡来人であろうという。しかしこれが単なる興味本位の悪戯ならば、石神とよばれたり、吉備姫王の墓の北方守護（もとは四方守護であろう）に立てられたりするはずはない。

たしかにこれらの石像の表情には仏像的なところや外国的なところがある。したがってその作者を渡来人とするのは当然であるが、その作意は悪戯だけではすまされない。とくに石神の道祖神石は、男女が斜め前後にならんで、女神の方が男神の腕を片手で抱えた像容である。これは角柱状の石から彫り出したために、男女を正面向きに並立させることができないという制約で、斜め後ろから抱くという形になったのであろう。そしてまたこの時代の石像のほとんどすべてが両面石であるから、両面石と並立像とを兼ねて斜め後ろになったともかんがえられる。

ともあれ女神像は右手で男神像の右腕を抱きかかえているが、その左手がどうなっていたかはわからない。また男神像も口辺から胸にかけて一撃で欠き取られているので、両手の形は不明である。しかし欠け跡から見て、口辺の大きな椀状《わんじょう》の盃《さかずき》を両手で支えていたらしくおもわれる。この胸部の欠落の跡には小孔が直線に開いていて、その分枝孔は女神の口に開口している。いうまでもなく男神の方の小孔は盃の底に達していた。この小孔は男女神の口から水を流出させるためであることを物語り、別の須弥山《しゅみせん》石の噴水と一対をなすものであったとおもう。

四　猿石と道祖神

道祖神石と須弥山石は、彫刻技法や噴水の仕掛けから見て同時代の制作で、『日本書紀』の斉明《さいめい》天皇三年および五年に、飛鳥に須弥山を造って都貨邏《とから》人と陸奥、越《こし》の蝦夷《えみし》に饗《あえ》たとあるときのものであろう。このとき仏教的施設として石で須弥山をつくり、神道的施設として男女神の石像を立てたのであろうが、その作者が渡来人であったために、きわめて異国的な神像になったものとおもう。

この神像が盃を持つということは、酒を酌《く》みかわすことが男女和合のシンボルだったためではないかとおもわれ、近世の双体《そうたい》道祖神も相手の肩に手をかけて、盃をもつ像容が多い。このことはまた婚礼の盃事という習俗にも共通しており、これを知った渡来工人が、和合神像としてこの石像を造ったのであろう。しかし工人がはじめから道祖神として造ったかどうかは疑問であるが、後の飛鳥の村人は男女和合神即道祖神とかんがえて、これを礼拝対象にしてきたものとおもわれる。しかもこの抱擁像で手に盃を持つ像容が、近世の道祖神にまで変化せずに伝わっていることは、一つのおどろきというほかはない。

須弥山石（奈良文化財研究所提供）

この石像の男女神の服装も面白く、男神は頭巾《ずきん》をかぶり、腰切《こしきり》の袍《ほう》に帯をしめ、裁《たっ》付袴《つけばかま》をはいて、石か木の切株に腰をかけている。これに対して女神像は髪は切下げ、筒袖《つつそで》の上衣の下に褶《ひだ》のある下袴をつけ、長い裾《すそ》を引く。男神は腰掛けているのに、女神は立って背伸びして男神に抱きついているのは、女性の体格が小さいことを表現したのかもしれない。

次に吉備姫王墓の北辺にある四体の両面石像は、その第一石は表が蛙《かえる》のような顔で、裏は嘴《くちばし》の尖《とが》った河童《かっぱ》のようであるが、石の風化ではっきりしない。しかしいずれも性器らしきものが彫られている。

第二石は表も裏も鬼のような忿怒《ふんぬ》の表情で、とくに裏の頭には焔髪《えんぱつ》があらわされているのは、仏像の明王の影響かもしれない。表の像にははっきりと男根が彫られている。

第三石は猿のような表情の禿頭《とくとう》の老人像で、もっとも写実的彫刻である。今でもどこでも見られる顔であるから、日本人の顔をモデルにしたことはまちがいない。これが代表的な石像なので、全体が猿石とよばれたのであろう。この像も男根を抱え込んだ形になっている。

第四石は表は布袋頭《ほていとう》の笑いの表情で両手を組み、これもあからさまに男根を下げる。自然石を「嵌《は》め絵《え》」風に巧妙に使って、布袋頭にしたもので、表情は第三石とお

第三石

第一石

第四石

第二石

吉備姫王墓の四体の両面石像（奈良文化財研究所提供、レプリカ）

なじくすぐれている。向かって左の頬《ほお》に瘤《こぶ》のようなものが下がっているのは、「瘤とり鬼」の昔話の爺さんのような感もあるけれども、はっきりしない。この石の裏は石に余裕がないために忿怒《ふんぬ》の形相《ぎょうそう》の顔だけを彫ってある。

これらの吉備姫王墓の猿石が執拗に男根を表現するのは、悪戯《いたずら》などというものではなく、男根形道祖神の神像化とかんがえられる。日本人は石棒だけを立てて道祖神または塞《さい》の神として拝んでいたのを、仏像の影響で神像がつくられるようになると、神像に石棒をつけて道祖神または塞の神にしたのであろう、というのが私の考え方である。この塞の神式の道祖神は、道の辻や村境の塞の神広場に立てられて、外から村に入ろうとする悪霊邪霊を防遏《ぼうあつ》する。これを「結界」というが、吉備姫王墓の猿石はもと欽明《きんめい》天皇陵の南の田から掘り出されたといわれるので、天皇陵の四方結界にこの道祖神石像が立てられたものと推定される。ところがこれらの石像が不謹慎なものを下げたり立てたりしているので、淫祠《いんし》邪教と思った役人が天皇陵にふさわしくないとして田の中に捨て、また吉備姫王墓の北方へ集め移されたのであろう。

またこれが三体まで両面石である理由も、結界石としてならば解釈できる。すなわち今の歩哨《ほしょう》のように、背中合わせに見張りをするガードマンだからである。おそらく両面石でない第三石だけが、正面向きにおかれていたのであろう。なお両面石は橘《たちばな》寺《でら》にも一体あるが、これも寺地の四方結界石道祖神像の一つが残ったものとおもわれる（九ページ写真参照）。今の橘寺境内の外にあったといわれるので、おそらく寺地がもっと広い時代の結界であろう。これには善悪二つの顔をあらわしたものという解釈もあるが、そのような道徳や教訓は近世道徳主義の所産で、古代においてはもっと呪術的、宗教的な意味があったはずである。しかしほんとうに善悪に分けることができるとすれば、それは道祖神の恩寵《おんちょう》的な面と懲罰的な面という二面性をあらわしたと解釈できる。

おなじように問題になるのは飛鳥の南、高取城址《じょうし》にあった猿石である。これも私のいう道祖神石と比較することができる。私が戦前に壺阪寺《つぼさかでら》五百羅漢口から高取城址へのぼったときは、城の入口にあったから、やはり結界石の一つであったかとおもわれるが、吉備姫王墓の猿石と一緒に掘り出されたともいわれている。作風はたしかに吉備姫王墓の第三石に似ているので、同時代作であろう。しかも高取城猿石は大きな丸い目をしているので、いかにも見張りおさおさ怠りないという表情である。

私はこれらの飛鳥の諸石像は、和合と結界の宗教的機能をもった道祖神像とおもうものであるが、その表情は仏像らしくないし、また後世の神像らしくもない。カリカチュアライズされた表現なので、石工の悪戯という説も出るけれども、古代人の神観念は後世のように厳《いか》めしい絶対神というものでなく、身近で親しみやすいものだったはずである。そのような日本人の庶民信仰の神を、渡来工人が表現したので、カリカチュアライズされた庶民の顔になったのであろう。しかし和合と結界の道祖神の本質をあらわす男根だけは、これを忘れることがなかったのである。

五　飛鳥の猿石と河童

道祖神は単純な庶民信仰に見えるが、その内容はきわめて複雑である。これは祖先の象徴である男根形の石や木でまつる民俗信仰からはじまり、これを形象化して男根露出神像にしたり、男女抱擁神像にしたりした。飛鳥の猿石や道祖神石はまさにこの段階をしめしたもので、文化財、美術史資料としてよりも、宗教史資料、宗教民俗学資料としてきわめて貴重である。

露出神像を猿石といったのは、猿が前を隠さないところから、民衆が命名したのかもしれない。高取城址の猿石はたしかに猿に似ているが、吉備姫王墓の猿石は胡人《こじん》や河童に似ている。胡人の顔が出るのは道祖神石とおなじく石工が渡来人だったことを物語るものであろうが、私が河童と推定する表現があるのは問題にする価値がある。

河童は名称からいってもカワワロ（河童）、ガタロ（河太郎）、ミヅチ（水霊）、ミンドチ（同上）、ミヅシ（同上）、ヒョウズ（兵主）、ヒョウスベ（兵主部）など、みな水や河に関係がある。水神や海神は童の形をしているというので、河童とか海童《わだつみ》の名がある。ミヅチのチは「チハヤブル」「イチハヤブル」のチまたはイチで、力強い霊のことである。イチはイツともいって「稜威《いつ》」の漢字をあてるのもそのためである。したがってミヅチは力強く強暴な水神（水霊）ということである。ちかごろの現代仮名遣いでミズチとすると、この意味は分からなくなってしまう。

私がこのような穿鑿《せんさく》をするのは、飛鳥のもう一つの奇石である亀石の意味をあきらかにしたいからである。というのは吉備姫王墓の猿石（私は結界石とよぶ）の第一石の裏の河童は、亀石の頭にのっていることがわかる。したがって飛鳥の謎の亀石も、猿石とつながりがあり、同時に道祖神と関係があるだろうとおもわれる。

河童をヒョウズまたはヒョウスベとよぶ理由は、いろいろ俗説があるがみなこじつけばかりである。各地の兵主《ひょうず》神社が水神や河童をまつったことはたしかであるが、私は水神と瓢箪《ひょうたん》との密接な関係から、瓢の主（瓢主《ひょうす》）または瓢に住むもの（瓢住《ひょうす》）だったのではないかとおもう。水神は瓢によってまつられることから、おなじ瓜科《うりか》の胡瓜《きゅうり》やヘチマを水神に供えるようになったことはたしかである。これが転化して『日本書紀』（仁徳天皇十一年十月条）のように、河伯《かわのかみ》が堤を築くのに人身《ひとみ》御供《ごく》を要求したけれども、全瓠《おうしひさご》（中空にして栓をした瓢簞）を沈められないので人身御供を許したという話になったのである。河童は山へ帰るときヒョウヒョウと鳴くからヒョウスべというのもこじつけである。しかしこのようなこじつけ話ができるのも、水神である河童は田の収穫がすめば用がなくなるので、山へかえって山の神となる、という水神（田神）山神交代信仰があるからである。

したがって河童は形象化されると、山神の化身である猿と、水神の化身である亀との混合形態で表現される。これが普通の河童が猿の顔と手足と頭髪と体毛、亀の嘴《くちばし》と甲羅《こうら》と水掻《みずかき》をもつ所以《ゆえん》である。そうすると飛鳥の吉備姫王墓猿石の第一石の裏は亀の頭にのった像の顔も嘴を持っており、亀をあらわすとともに猿の手をもっている。表はといえばこれはゴリラのような怪異な猿の顔と体であろう。この石は私の分析と解釈からすれば、河童であることになり、近世に入ってさかんに巷説《こうせつ》によって画かれる河童図の祖型が、ここに見出される。これは近世の双体道祖神の祖型が、飛鳥の道祖神石に見出されるとおなじく、まことにおどろくべき事実といわなければならない。

しかし現在の民俗学が庶民信仰や年中行事、口誦《こうしょう》伝承から導き出した、山神水神

（田神）交代説という仮説が、古代の石彫にまで適用できるかという疑問と反論が出るかもしれない。これは文献史学では何か書いたものがないと、その歴史事実はないという素朴な実証主義が支配しているからである。しかし石碑があり口碑があるとおなじように、心碑があるというのは柳田国男翁の説で、文献にも石碑にも書かれないで、文字を持たない庶民の口碑（口誦伝承、伝説、昔話）と心碑（庶民信仰、俗信）で、古代から中世、近世、現代まで伝えられる歴史もある。祭や芸能などは体の動作で伝えられるので、これは体碑といってもよいかもしれない。民俗学は伝承《トラディション》を資料（素材）として、庶民の過去の歴史をあきらかにする学問であるが、その伝承は口誦伝承と行為伝承と心意伝承であるとする。

　水神や山神は記紀神話をもとにした神道では、罔象女《みずはのめ》神であったり綿津《わだつ》見《み》神（海神）や大山祇《おおやまつみ》神であったりするが、庶民信仰では水の神、山の神、田の神などと普通名詞でよばれる。そしてこれらの神は水に住む動物や山に住む動物、田畑に出没する動物を化身（正身《むざね》）として、人間の目に見えるのだと信じられた。水神ならば亀（丹後与謝《よさ》の管川《つつかわ》の浦島子の伝説では海神の娘に化身する）や鰐《わに》や蟹《かに》、蛇、龍などに化身し、山神ならば猿、猪《いのしし》、狼《おおかみ》、熊、山犬、大蛇などに化身する。狐などは田畑に出るので田畑の神（穀霊）の化身とされ、やがて稲荷の化身となったのであろう。

このような庶民信仰の構造のなかで、飛鳥の猿石を見れば、ある時は水神（亀）となり、あるときは山神（猿）となる神を、造型的に表現したものであることが考えられよう。これをその当時、河童とよんだかどうかはわからないが、後世河童とよばれたものの祖型であることはたしかである。このような想像上の霊物《れいぶつ》（神と人間や動物の中間的な霊的存在）を形象化することは、近世に入ってさかんになり、河童の詫《わび》証文《もんじよう》や河童の家伝薬などもつくられるので、柳田国男翁は河童は水神の零落《れいらく》した姿だなどと言っている。しかしこれは近世の人間主義《ヒユーマニズム》が、神や霊物をカリカチュアライズするようになったためであろう。また古代の渡来人も日本人の庶民信仰をすこし茶化して、猿石のような石の造型をつくったかもしれない。畏れ多い神ならば、形象化することは神の冒瀆《ぼうとく》だったからである。しかし平安末期に描かれた『鳥獣戯画巻』（高山寺蔵）の乙巻には、実在の鳥獣とともに、一般に水犀《すいさい》とよばれる想像上の動物が描かれているのは水の亀と山の一角犀の結合らしく見える。そして水の中を走っているのは、古代の河童と近世の河童の中間形態かもしれないのである。

六　飛鳥の亀石その他の奇石

ところで猿石は結界石で、石を境界に立てて悪魔や悪霊を入れしめないためのものであった。結界石は塞《さい》の神ともよばれ道祖神ともよばれたが、猿石では恐ろしい面相で威嚇するために、自然石に造型されたのである。その場合河童を造型するのは、どのような宗教的意味をもつものであろうか。河童が兵主《ひょうず》神社などとしてまつられるのは、水の恵みをもとめるとか、豊作をもとめるという祈願のためよりは、洪水を防遏《ぼうあつ》することを期待したもので、これも水に対する結界である。河童伝説が多く人間に害（尻《しり》を抜くなどという）をあたえたので捕えられ、詫証文を書いたことになっているのは、洪水の害に対して再び洪水をおこさない約束をしたことを意味している。佐賀県杵島《きしま》郡橘村（現武雄《たけお》市）の潮見神社は河童の主の兵主部《ひょうすべ》をまつったというが、水難除けの歌として、

兵主部よ　約束せしを　忘るなよ
　川立ち男　氏も菅原

ととなえるという。水難は今は溺死《できし》を意味するが、元来は洪水による被害のことである。したがって河童を象《かたど》った猿石もまた道祖神石、または塞の神石の機能をもったも

亀石（奈良県）

のということができる。

水神の化身を水陸両棲《りょうせい》動物の亀としたことは、飛鳥では不思議な亀石にあらわれているといえよう。飛鳥の奇石としてまったく意味不明に帰しているが、何の目的もなしにこんな石を作るはずもない。しかし飛鳥の解説書にはこれを説明したものがないのは、どうしたことであろうか。この石が甘樫丘《あまかしのおか》の南、橘《たちばな》の田圃の中にあるのは、水神すなわち田の神にふさわしい。おそらく飛鳥時代の農民は田の神祭に御幣《ごへい》などを立てて祭をしていたのであろうが、渡来人の石工は亀が水神の化身であると聞いて、これを造型したのであろう。ちかごろの『飛鳥資料館案内』を見たら、

一説に、条里の境を示すのに利用されたというが、本来の用途はわからない。腹に益田岩船と同じ格子状の溝がある。

という説明であった。飛鳥の不思議な石をみな条里制で片付けているのが面白い。石にはそのような公的制度として政治史にかかわるよりも、宗教史もしくは民俗にかかわるものが多いのである。

飛鳥にはまたマラ石とよばれる立石がある。川原寺の東の飛鳥川の近くで発掘されたもので、発掘調査もとんだ掘出物をしたものである。このようによばれる特徴が刻まれているが、これは最初に述べたように、道祖神のもっとも原始的なものは、男根形であったということに対応するものであろう。これも自然石の立石だったものが、加工された立石に変化するもので、近世にはずいぶんリアルなものもある。飛鳥にはマラ石のほかに自然石立石が三本（明日香村岡、同上居《じょうご》、同豊浦《とようら》）あるのも、おなじような宗教的意味があったかもしれない。

マラ石（奈良県明日香村）

男根形の道祖神石が、結界石よりも豊穣《ほうじょう》信仰に変

「田の神どん」の後姿（鹿児島県鹿屋市）

化したものとして、薩摩に多い「田の神どん」がある。鹿児島周辺から国分市、加治木町あたりの田圃を歩くと、この男根形の「田の神どん」にぶつかる。その意味を知らないものは不謹慎だといって怒ったり、興味をもったりするが、農民にとっては田の耕作を守護する田の神なのである。この石像は前から見れば大きな笠《かさ》をかぶった老農夫の座像で、後ろから見れば笠の円頭で構成された男根形である。すなわち前面は嵌《は》め絵風に老農夫が彫られているのであるが、もともとは男根形の道祖神を立ててあったのであろうとおもう。

ところが、男根形の道祖神はまたもう一つの変化の道をたどったのであって、これが地蔵石像である。田の畦道《あぜみち》に石地蔵が立っているところは京都辺にもあり、美作《みまさか》(岡山県)地方にもある。田植地蔵の昔話ができる所以《ゆえん》である。もちろん、結界石として村の境や道の辻に立てられた道祖神は、「村のはずれのお地蔵さん」になったのであるし、辻の地蔵もおなじである。これらの地蔵が多く立像であるのは、最初の祖型が男根形道祖神であった痕跡をのこしたものであろう。しかも京都とその周辺でさかんにおこなわれる地蔵盆というものは、歴史的にも形態的にも道祖神祭、または塞神祭であることは、のちにのべようとおもう。

このように飛鳥の不思議な石造遺物を見てくると、日本人の原始宗教とこれを継承した庶民信仰が造型されたと推定されるものが多い。有名な須弥山《しゅみせん》石なども、現在の三段組はもと四段組か五段組だったと考えられるので、やはり男根形になる。『日本書紀』(斉明天皇五年三月十七日条)に、

甘樫丘《あまかしのをか》の東の川上に須弥山を造りて、陸奥と越の蝦夷に饗《あへ》たまふ。

とあり、また同三年七月十五日には飛鳥寺の西に須弥山を作って盂蘭盆会《うらぼんえ》を設け、また都貨邏《とから》人に饗《あ》えたという記事には、ただ蕃人《ばんじん》をおどろかすような趣向の噴泉を造ったということだけであるが、造型の根本理念は道祖神石を象《かたど》ったと考えられるのである。

七　道祖神祭から地蔵盆へ

私は昭和五十七年九月末に上高地から塩尻へ出る途中、近道をしようとおもって波《は》田《た》町に入り、山形村の中大池を通ったら、路傍に徳本上人や善光寺の等順上人の名号《みようごう》碑《ひ》があるので立ち止まった。松本平を見下ろす丘陵の上で、美《うつくし》ヶ原《はら》高原がその上に見え、果実畑のひろがる田園の中であった。この路傍の広場がもともと建碑の聖地であったのか、村中の石碑・石塔をあつめたのかわからないが、十基以上の名号碑と庚《こう》申《しん》塔、二十三夜塔が建っていた。その一番西側に小さな石仏があるので、ふと見ると不思議な光背をつけている。それで私は裏へまわって見ると、それは道祖神の男根形石棒であった。短く太い石棒の前面半分に地蔵の代わりに馬《ば》頭《とう》観音を半肉彫し、後の半分をそのままのこして光背にしたのであった。まことに奇抜で気の利《き》いたデザインの石仏であったが、このようなデザインのおこる素地は、すでに説明したところで、庶民信仰のなかにひそんでいたといえるであろう。高さは約三〇センチで大きくはないのでたいていの人は気付かずに行き過ぎるにちがいない。しかしこれは男根形道祖神信仰から地蔵または観音信仰への転換をしめす貴重な鍵をもっている。

日本人の庶民仏教というものは、インド、中国の渡来仏教をそのまま受容するのでなくて、本来もっていた庶民信仰または民族宗教を基にして、これに一致するものか、または一致するように変容させて受け入れた。これは仏教も経典も信仰も儀礼もそうである。したがって庶民信仰の仏を、密教の儀軌《ぎき》などで穿鑿《せんさく》しても、うまく説明できないものが多い。いわんや円空や木喰《もくじき》行道の彫刻を、儀軌でしらべるぐらい馬鹿げたことはない。

とくに庶民信仰の地蔵は、地蔵本願経にも地蔵十輪経にもあてはまらないものが多く、子供と遊んだり、子供を可愛がる地蔵というものは、日本の祖霊信仰から出ている。子安地蔵や子育地蔵もこれであり、石地蔵を引きずりまわしている子供たちを叱った和尚や大人が、夢で地蔵さんから叱られたという話は多い。これは孫を可愛がり孫とあそぶお祖父さんのように、祖霊のイメージが地蔵に投影されているのである。

ところがどうして先祖が地蔵になるかという問題を、私は道祖神信仰から解くことができるとかんがえている。よく地蔵には祖霊信仰があるというまでは言われるのであるが、それは何故かを説明したものがない。私はこの中間項に男根形道祖神をおけば、スムーズに説明できるとおもう。それはすでにのべたように、木製でも石製でも男根形の棒は祖先の象徴としてまつられたものであり、これが道の辻や村の入口に立てられて、道祖神となった。この祖霊が子孫の安全を護るために、悪霊を防ぐ神となったとき、それは岐神《ふなとのかみ》または塞神《さいのかみ》となる。

この男根形石棒の道祖神が仏教化したとき、その形を仏菩薩《ぼさつ》で表現しようとすれば、これに近い形は比丘《びく》形で、丸い頭にくびれをもった地蔵菩薩立像である。コケシ形の地蔵石仏をいまも死者供養に供えるのは佐渡で、もとは地蔵形とも男根形とも区別のつかないようなものだったろうとおもう。

このようにして石棒形道祖神は地蔵石仏に形を変えても、その立てられる場所はやはり道の辻や村の入口である。この道祖神の歴史をあらわした造型が、長野県東筑摩郡山形村中大池の石仏だったのである。

この日、私は辰野町小野でもう一基の信州の道祖神石塔を見た。これは双体道祖神で安永（一七七二—八一）の年号をもっていたが、細い三州街道の古道の傍に立っていた。よく知られるような男女二体の抱擁像ではなかったけれども、このような双体の道祖神が仏教化すれば、弥陀地蔵二尊並座浮彫石塔になるのだろうとおもった。この種の並座石塔は夫婦逆修《ぎゃくしゅ》石塔が多いことから見ても、やはり夫婦和合という道祖神の神格は変化していないのである。

京都では地蔵盆がさかんであって、新暦八月二十三日の祝は、町内ごとに辻の地蔵石仏を白粉《おしろい》などでかざり立て、その前に天幕や葭簀《よしず》を張って子供たちが集まり、福引を引いたり遊戯をしたりして遊ぶ。私はこれを古い道祖神祭すなわち塞神祭と結論づけているが（拙著『宗教歳時記』角川選書、一九八二年）、はじめから地蔵祭とおもい込んでいる真面目な坊さんは、幼児教化の使命感にもえて、一場のお説教や紙芝居の何々聖人一代記などを語る。しかしこれは平安時代にはけしからぬ形の木彫をまつる御霊会《ごりようえ》であった。この祭は『扶《ふ》桑《そう》略記』の天慶《てんぎよう》二年（九三九）九月二日（『本朝世紀』は天慶元年）の条に出ているのが有名で、京都の大小の路傍や辻々に、男女の人形の「臍下《せいか》腰底に陰陽を刻絵」せるものをまつったとある。これを「岐神《ふなとのかみ》と曰《い》ひ、又御霊《ごりやう》と称す」とあるので、この人形は岐神《ふなとのかみ》（塞神《さいのかみ》）であった。

これがすでに地蔵盆とおなじ子供の祭になっていたのも、「児童猥雑《わいざつ》、拝礼慇懃《いんぎん》、或は幣帛《へいはく》を捧《ささ》げ、或は香花を供ふ」とあるのでわかり、塞神が地蔵におき代えられただけである。この場合の人形は男根形道祖神を形象化して、男人形に陽形をつけ、これと対をなすように女人形に陰形をつけたもので、その発想はすでに飛鳥の道祖神石像に見られる。これを二股《ふたまた》の木の枝をつかって山神をまつるのは、いまも近江《おうみ》地方農山村の正月山の神祭にあって、豊作祈願とされている。

また木の棒を陽形にけずって、子供が小正月に三九郎《さんくろう》小屋という藁小屋《わらごや》に籠ってまつるのは、信州で戦前までさかんにおこなわれてきた。この陽物を三九郎太夫《だゆう》という。すなわちトンド、左義長《さぎちょう》ももとは道祖神祭、塞の神祭であった。「盆正月」というように、日本人は一年を二つに分けておなじような年中行事をくりかえすので、小正月の道祖神祭をお盆にしたのが地蔵盆であった。これはもと盆の十五日から十六日におこなわれたらしく、この日に小屋に女の子供が籠って盆竈《ぼんがま》で盆飯《ぼんめし》を炊《た》いてママゴトをする地方もあった。小屋を河原につくるので、河原飯ともいったが、これを男の子供が襲ってこわすというのも、小正月の三九郎小屋を襲って焼くのに似ている。

ともあれ平安中期の記録文献にある民間行事がつい最近まで、あるいは現在でもおこなわれているということはまことに驚くべきことといわなければならない。これが日本人を伝統的民族と名付ける所以《ゆえん》であるが、これをまた新しい文化に合致させて変容するのも、日本人の特技であった。これで日本人を模倣民族と評価した時代もあったけれども、仏教における地蔵信仰の受容などは、独創といってよいほどに変容したことは、地蔵盆を見ればすぐわかる。すなわちすでに日本人のもっていた道祖神信仰とそのまつり方（礼拝儀礼）を地蔵信仰に代えたもので、天慶二年（九三九）の岐神祭（道祖神祭）でも、幣帛を捧げるとともに仏式の香花も供えていた。しかし地蔵盆が道祖神祭の十五、十六日から二十三、二十四日になったことについては、愛宕《あたご》信仰

（本地は地蔵菩薩）との関係があるけれども、今はふれないこととする。

八　弥勒石と臍石

飛鳥というところは日本の古代文化と大陸文化との接点として注目され、飛鳥寺と大仏と止利《とり》仏師の関係や、高松塚の彩色壁画、あるいは各種の石造物や水利施設などまで、大陸文化と大陸工人の手にかからないものはない。学者はそれぞれの遺物を調査しては、大陸の何にお手本があるかをさぐり、似たものがあれば鬼の首を取ったことになる。ちかごろはイラン文化をもたらしたイラン人が来たという説まで飛び出してきた。しかしそこに日本人の生活や心がひそんでいることは、誰一人見ようともしない。見ようとしないから見付かりようもないし、すべて日本人くさいものは用途不詳で片付けられている。

しかし飛鳥では大陸文化の享受は一時的なものであったし、その当時でも文化人よりも土着人の方が多かったであろう。高松塚古墳の壁画は高い文化であろうが、唯一《ただ》人の被葬者のためのものであるのに、千三百年の間に何百万人が生死した飛鳥の村人の墓は、誰一人問題にする者はない。私は二年前にケンブリッジ大学のマイケル・ルーヴ教授（東洋考古学）を高松塚へ案内したら、この飛鳥の村の風物の方が感動的だといった。そこに日本的風景と日本的庶民生活を見たからであろうとおもう。

ところで飛鳥で今まで多くの道祖神的石造遺物を論じてきたが、もう一つわからないものに弥勒《みろく》石がある。自然石に出臍《でべそ》のようなものを造り出しただけで、弥勒石とよばれてきた。例の『飛鳥資料館案内』には「条里の境界を示すしるしに利用されたものと思われる」とある。しかしこれを村人が弥勒石とよぶには、なにかかくされた理由があるであろう。これについて多少思い当たるのは、石が成長するという信仰があることで、「君が代」のさざれ石なども巌《いわお》になることになっている。長野県北部の平《ひら》穏《お》温泉郷の湯田中には、腰まで土中に埋まった石造弥勒菩薩立像があり、すこしずつせり上がってくるという信仰がある。五十六億七千万年たてば全身が地上に出るというのである。なにしろ長いことなので、三十年や五十年では目立って変化はないと土地の人はあきらめているらしいが、この弥勒さんのおかげで地震がないと信じ切っている。そうするとこれは鹿島の要石《かなめいし》のように、地中の鯰《なまず》の頭を押さえている石と信じられた時代があるであろう。このような例から見て、飛鳥の弥勒石は要石であって、まだ弥勒仏に造型されないでも、地震を押さえる弥勒さんとして信仰されたのではないかとおもう。その意味では弥勒石は地下の災を防ぐ機能をもち、地上の災を防ぐ道祖神石（塞神《さいのかみ》）とおなじだということになる。

しかしこれを要石とすればまた別の機能がかんがえられる。それは鹿島の要石の押さえている鯰は水神なのであって、境内の滝の水神と関係があるといわれる。鯰は水を与えたり洪水を起こしたりする水神の化身として、河童（猿石の第一石）や亀（亀石）とおなじである。『今昔物語集』（巻二十第三十四話）に鯰が屋根で押さえつけられる話があるのは、やはり洪水と火災を防ぐ信仰があったためかとおもわれるが、飛鳥寺の後身である元興寺極楽坊の屋根瓦には、鯰の絵を箆書《へらがき》にしたものがある（拙稿「元興寺極楽坊の棟札・柱刻銘寄進文および板書供養願文」『奈良元興寺極楽坊・中世庶民信仰資料の研究』法蔵館、一九六四年）。

飛鳥の弥勒石に似たものに、京都には六角堂の臍《へそ》石《いし》がある。私はこれももとは出臍《でべそ》のような石で、地震や洪水を防ぐ信仰があったのだろうとおもっている。しかし近世の地誌類では京都市街の中心であっ

六角堂の臍石（京都市中京区）

たという条里榜示石《ぼうじ》のような解釈になってしまった。そのことから出臍の突起はなくなって、道路の真中に埋め込まれたのであろうが、どうかんがえても烏丸《からすま》通りの東の現在地が京都の中心であった気づかいはない。平安京なら朱雀《すざく》通りに近くなければならないし、山城盆地ならもっと西に行かなければならない。現在の寛政の内裏から見て、そのようなことが言い出されたのであろう。

しかしこのような地下から地上までの災を防ぐ石が弥勒石とよばれたのも、やがて弥勒仏がこの世に出現して、飢饉や洪水や地震をすくってくれるという庶民信仰のせいなのである。この弥勒信仰は飢饉年の「弥勒」(身禄《みろく》)私年号にあらわれており、また「弥勒踊」(「鹿島踊」)の歌にもうたわれて、「世直しの仏」とよばれるようになった。飛鳥大仏が何仏であったかわからないが、庶民からは「世直しの弥勒」であったかもしれない。それは四十八体仏をはじめ多くの飛鳥仏が弥勒であったことにも、共通するものがあろう。

第六章　庚申塔と青面金剛

一　庚申塔と庚申待

路傍に立つ石造信仰物では、石地蔵や道祖神石についで庚申塔《こうしん》が多い。また東日本では二十三夜塔や馬頭観音も多いけれども、庚申塔は全国的である。これは庚申塔を建てる母体は庚申講という団体で、これがひろく全国に分布していたからであった。庚申塔は「庚申」という文字を彫った石塔と「青面金剛《しょうめんこんごう》」という忿怒形《ふんぬぎょう》の密教的金剛童子を彫ったものとがある。もちろん石造美術として面白いのは青面金剛の方で、像容は三面六臂《さんめんろっぴ》の忿怒形の立像の下に、三匹の猿と二羽の鶏を彫ったものが多い。石塔は板碑《いたび》形で圭頭（三角頭）が大部分であり、これに青面金剛が半肉彫に浮彫される。六臂には三鈷《さんこ》戟《げき》と宝弓と矢、金剛杵《こんごうしょ》または鍮《かぎ》と索《さく》をもつ。三匹の猿が「見ざる言わざる聞かざる」であることはいうまでもない。

庚申塔（長野県長谷村）

庚申は中国の習俗として、十干十二支で年や日をかぞえる場合に、庚（かのえ）申（さる）に当る年を六十年ごとの庚申年とし、これに当る日を庚申の日としたが、日本では六十日ごとの庚申の日に当番の宿に講中があつまって夜明しをするのが庚申待《まち》である。「待」は日《ひ》待《まち》、月待《つきまち》などもあって、日の出、月の出を待つように解されるけれども、いずれも夜明しで神をまつることを「待」といったのである。すなわち「待」は「祭」のことであった。そうすると庚申待は庚申という神をまつったのだろうとおもわれるかも知れないが、これには二つの解釈が従来なされていた。

その一つは中国の道教にならったもので、人間の体には三尸虫《さんしちゅう》というものが棲んでおり、これが庚申の夜には体をぬけ出して天に上り、その宿り主の人間の六十日間の行状を天帝に報告するという。そうするとたいていの人間は天帝の罰をうけるので、三尸虫が体からぬけ出さないように、一晩中睡《ねむ》らずに起きていなければならない。そのためには講中をつくって、一晩中話をしたり歌をうたったりしているのがよいということになる。この種の庚申待は別にまつるべき神も仏もないから、「庚申を守《も》る」または「守庚申《しゆこうしん》」といって、話だけでも退屈するので詩や歌をつくり、管弦の遊びをした。俗に「長話は庚申の晩」という地口《じくち》があるが、これは庶民の場合で、貴族社会の守庚申は詩歌管弦であった。そしてのちには守庚申は宗教行事でも何でもなく、ただ詩歌や管弦の遊びの口実になってしまった。『枕草子』(「五月の御精進のほど」)にも、

……庚申せさせたまふとて、内の大臣殿、いみじう心まうけせさせたまへり。夜うちふくるほどに、題出して、女房にも歌よませたまふ。

とあるだけで、何か祭や儀式らしいものがあった気配はない。

これに対して庶民信仰からの解釈は、すでに民間にあった日待や月待の徹夜の祭が、修験道の影響で、庚申待になったもので、これは室町以降のことであろうとおもわれる。しかもその中間には先祖の荒魂《あらみたま》をまつる「荒神《こうじん》」祭があったものが、音韻の類似から庚申に変化したものであろう。というのは、古くは「庚申」も「かうじん」

と発音したらしいからである。そのために庚申待の本尊を荒神の仏教化した忿怒形の青面金剛としたものと、私は理解している。そこで庚申待の源をなす日待、月待は何であるかを見ると、日待は農耕の守護神として正月・五月・九月に太陽をまつるといわれ、のちには伊勢大神宮の天照皇大神をまつるようになるが、夜中に祭をするというのは太陽の祭ではなくて祖霊の荒魂の祭であった証拠である。そして月待も七月二十三夜の月をまつるというけれども、これもお盆の魂祭の一部をなすもので、やはり荒魂の祭であった。

庶民の庚申待がこれとおなじく荒魂としての先祖祭であったとおもわれるのは、一つには庚申待には墓に塔婆《とうば》を立てたり、念仏をしたりすることがあるからである。これが庚申念仏といわれるもので、信州などでは庚申講と念仏講は一つになり、葬式組の機能もはたしている。中国の道教の三戸虫説による庚申待ならば、墓や葬式との関係はないはずであるのに、庶民のあいだでは七庚申の年には庚申塔婆をつくり、墓地や庚申堂や庚申塔の傍に立てて供養する。

庚申塔婆は普通三十三年忌の「弔《と》い切り」（仏が神となる最後の年忌）に立てるウレツキトウバ（梢付塔婆）であって、神祭のヒモロギ（常磐木の枝）とおなじである。木の枝の梢《こずえ》も皮のついたままの木の一部を削って、坊さんに文字を書いてもら

う。たいてい、

奉造立宝塔者為庚申供養也　□□村講中

と書いてある。この庚申塔婆というものがなぜ立てられるかについては、全国に多い庚申信仰の研究者は困っているが、これは庚申信仰が外来の三尸虫説から出たものとするからである。この庚申塔婆が解決しないと石塔の庚申塔がなぜ建てられるか、を説明することができない。第一、塔婆という概念からして、五重塔や三重塔、多宝塔などの木造建築や、お墓に立てる角塔婆、板塔婆、経木《きょうぎ》塔婆など、種々雑多である。それなのに庚申塔婆はこれらの概念からはずれて、生木の梢と皮の付いたままの枝を、塔婆ということからして異様である。この問題を説明してから庚申石塔や青面金剛におよんでゆきたい。

ウレツキトウバ（滋賀県朽木村）

二　庚申塔婆と先祖供養

私はちかごろ、岐阜県の一五六号線を走っていて、郡上《ぐじょう》郡美並《みなみ》村の国道のガードレールのすぐ外に庚申塔婆の立っているのを見た。杉の梢が枯れていたので、二、三年前のものだろうとおもって指を折ってみると、昭和五十五年が六十年一回の庚申年であった。そういえば、その年私は朝日新聞社の依頼で「円空展」を監修したとき、庚申年だからといって、とくに円空作「青面金剛像」をあつめて陳列したことがある。それを忘れていたというのは、まだ庚申塔婆を立てる村があろうとはおもわなかったからである。

しかし私の民俗調査ではこの美並村では十年前の七庚申の年にも庚申塔婆を立てていた。七庚申というのは、六十日ごとの庚申の日は一年三百六十日では一年六回めぐってくるのが普通である。ところが旧暦の三百六十五日の時代でも閏年《うるうどし》には庚申が七回めぐってくることがあり、そうでなくとも、その前後の年に七庚申がくる。新暦の三百六十五日では、一月初めに庚申の日があれば、十二月末にもう一度庚申の日が来て、七庚申になる。

このように七庚申の年は庚申の御縁年といって、庚申講は七回目を盛大に祝って、庚申塔婆を立て、もし講に目出度いことでもあって、衆議一決すれば石屋さんにたのんで石塔の庚申塔を建てる。したがって庚申石塔の年代をよく観察すると、庚申年の建塔か七庚申の年であることがわかるはずである。念のために庚申年をあげておくと、昭和五十五年（一九八〇）とその前の大正九年（一九二〇）は庚申年で、大正九年の建塔は多い。その前の万延元年（一八六〇）、寛政十二年（一八〇〇）、元文五年（一七四〇）などの建塔も多いが、その前の延宝八年（一六八〇）はすくない。庚申石塔はやはり農民に余裕のできた元禄以降から多くなる。東京文京区の根津権現境内には庚申塔が多いが、その中に「延宝八庚申歳六月吉祥日」の日付があるのは、延宝八年の例であって、これは青面金剛と三猿を彫っている。

江戸時代には農民の庶民信仰を管理したのは、神主よりも修験山伏であったから、青面金剛が多い。彫刻遊行の山伏であった円空が、元禄四年（一六九一）に多数の青面金剛像をつくるのも、この年が七庚申だったからであろう。というのはこの年は八月閏だったので、十二月にもう一度庚申があったはずである。そして稀には室町時代にも庚申塔はあったが、その他の場合は木製の庚申塔婆を立てていたために、後にのこらなかったのである。しかし今でも庚申年や七庚申年にウレツキの庚申塔婆を立てるのであるから、庚申信仰の生きていた江戸時代や室町時代には、村ごとにまた講ごとにこれを立てていたはずである。古文書や金石文にこだわる研究者は、文献がないとその歴史事象はなかったようにかんがえがちであるが、庶民は文献をのこさずに祭や講をいとなみ、村落生活の歴史をきざんできた。これを歴史でないということはできない。また石塔を建てる余裕がなければ、木の枝を立ててでも庚申をまつってきたのである。しかし木の枝は二、三年すれば朽ちて消滅してしまうけれども、わずかでも現代にそれがのこったものがあれば、それを過去の歴史事象の手がかりとして、かつての庚申信仰をあきらかにすることができる。

私がはじめて庚申塔婆を見たのは、終戦後間もなくの紀州伊都《いと》郡花園村新子《あたらし》であったが、これは七庚申の年に講中の墓地に立てていた。昭和二十年代前半のことである。そして庚申講は活発で相互扶助集団であり、葬式の世話もすることは他地方となじであった。これは六十日ごとにかならず当番宿にあつまり、夜更けまで長話をするからであった。その後昭和三十九年から愛知県南設楽《みなみしたら》郡鳳来《ほうらい》町の町誌編纂の監修をするようになって、この町やその周辺の山村で庚申塔婆を多数見受けるようになった。この地方では氏神や小堂の境内にある庚申石塔の前に、これを立てていたし、石塔もないところに立てることもあった。

このあたりは今も庚申講はつづいているが、そのやり方はやはり同族の先祖祭に修験道が加わった形である。もともと日待や霜月祭（新嘗《にいなめ》祭または大師講）でまつっていたものを、庚申の日にかえたものだから、夜を徹して祭をおこなったのである。庚申の晩には宿になった家は、庚申の掛軸（青面金剛）を本尊として南向きに祭壇をかざり、数珠やお経を出し、御馳走をこしらえて講員を待つ。

全員が集まるとまず御馳走を鱈腹《たらふく》頂戴してから、水や樒《しきみ》の葉で体をきよめ、それから「拝み」になる。講宿主人の「先達」で般若心経を読んでから「庚申真言」を唱える。これは、

オン・コウシン・コウシンメイ・マイタリ・マイタリヤ・ソワカ

または、

南無青面金剛童子

を、すくなくとも百八回、多ければ三百二十四回となえる。しかしこれはただ口先で

となえるだけでなく、その数だけ立ち上がってからしゃがんで、額を畳につける礼拝をくりかえすのである。この苦行は六十日間の罪穢《つみけが》れを懺悔《ざんげ》する意味であるが、たいていの庚申講は二人の羽織を天井から紐で吊り下げておいて、これを引いて上下させ、礼拝に代えるという。しかしどこの庚申講でも、この「拝み」のないところがないのは、庚申本尊に懺悔することによって、禍《わざわい》から護ってもらえると信じたからである。そしてこれは先祖祭にともなう精進潔斎にも共通するもので、もともと祖先の荒魂に懺悔してその加護を祈ったのが、荒魂を荒神としてまつり、これを山伏が修験道的な青面金剛童子に代えたものと、私は推定している。その上このあとで「申上げ」と称して、南無阿弥陀仏の念仏を二十一回ずつ三度となえるのも注意すべきことである。

この念仏というのは、念仏講が庚申講と結合したことをしめすものである。したがってこの講は遠い先祖も近い祖霊もまつったのであるが、念仏によって供養された祖霊はやがて神の位になったことをしめすために、七庚申年を期して「弔い切り塔婆」である庚申塔婆を立てたものと解釈される。「弔い切り」というのは年忌年忌の仏教の供養によって浄化された霊は、三十三年忌で神になり、それ以後は仏教の「弔い」をうけないというのが、日本人の庶民信仰である。したがって神の位に上った祖霊は神道式のヒモロギによってまつられるが、このヒモロギが常磐木《ときわぎ》の梢と皮のついたままの枝で、これを仏教または修験道式に塔婆とよんだので、庚申塔婆となった。このようなヒモロギが変化して、やがて「板碑《いたび》」になったとき、これに半肉彫で青面金剛が浮彫された石塔が、庚申石塔なのである。

三　庚申と庶民信仰

庚申塔は「庚申塔」と書いた文字碑の多くが自然石に彫られており、とくに信州から北の東日本に多い。雪をいただいた山々や雑木林を背景に、この自然石庚申塔がならんでいる風景は、いかにも東国的である。そのようなところには、二十三夜塔、馬頭観音、道祖碑、出羽三山碑、西国三十三観音または百観音供養塔、金毘羅《こんぴら》大権現や愛宕《あたご》大権現の碑が雑然と立っている。いわば庶民信仰の集積といってよいが、庚申信仰もその庶民信仰の一つの表出として見ていく必要がある。

庚申信仰を道教の立場から説明して、中国の三尸虫《さんしちゅう》説をとる研究者もあるけれども、それでは説明できないもろもろの現象のあることは、すでにふれた通りである。したがってここでは仏教でも神道でも道教でもない、素朴な庶民信仰としての庚申信仰を中心としながら、これが仏教や神道や道教と習合した形もあきらかにしていきたい。そうすると「青面金剛」を彫った板碑形の庚申塔は、これが仏教と習合した形であるが、これは単なる仏教や密教でないことがわかる。すなわち庚申信仰のみならず、庶民信仰一般は修験道を媒介として、仏教、神道、陰陽道《おんみょう》に結合するのである。

ここでちょっと注意しておきたいのは、日本民族に固有の民族宗教は神道であるから、外来の仏教でも道教（陰陽道をふくむ）でもない庶民信仰は、神道ではないかという反論があることである。これが誤解であることはもう内外の研究者のあいだで、かなりよくわかるようになってきた。というのは山の神とか水の神、田の神、火の神、日の神、月の神、海の神などというのは、自然崇拝の原始宗教としての庶民信仰で、神道ではこれが大山祇《おおやまつみ》神、罔象女《みずはのめ》神、大田《おおた》神、軻遇突智《かぐつち》神、大日孁《おおひるめ》神、月読《つきよみ》神、綿津見《わだつみ》神などと、『古事記』『日本書紀』に出る特定の神社の神に限定されてくる。そしてその神社は式内社、式外社を問わず、国家や共同体の政治的な祭祀をうけるようになり、何時でも、何処でも、誰でもまつる神ではなくなる。庶民信仰の対象となる神は、神といっても神名もなく、神殿もなく、神主もなく、祝詞《のりと》もないので、神道の神とは異なることがわかるであろう。それは自然神のほかに、目に見えぬ霊魂（祖霊・精霊・死霊・御霊《ごりょう》・怨霊《おんりょう》・物怪《もののけ》など）もふくんでおり、稲荷《いなり》や夷《えびす》や鬼、天狗《てんぐ》、龍神、河童（ひょうすべ）などの霊物も庶民信仰の対象である。この中に庚申や道祖神や、荒神《こうじん》、愛宕、金毘羅、牛頭天王《ごずてんのう》など、一見得体の知れぬ神も入るので、これらを研究するのが宗教民俗学である。

修験道というのは、以上のような庶民信仰の神をまつるのに、仏教も神道も道教も混合して、すこしも嫌わない宗教である。そのために庚申信仰も山伏がとりあげて、青面金剛像や印《いん》や真言をつくりあげた。『修験道章疏《しようそ》』㈠にとりあげられた『修験宗神道神社印信《いんじん》』には、

　庚申待大事
無《む》所不《しよふ》至《し》印
　ヲンコシンレ（メ）イコシンシンレ（メ）イ　マイタリ　マイタリ　ソワカ
　諸行無常　是生滅法《ぜしやうめつぽふ》　生滅滅已《しやうめつめつい》　寂滅為楽《じやくめつゐらく》
摩《ま》利《り》支《し》天印《てんいん》　宝瓶印《ほうびやういん》
　ヲンマリシエイ　ソワカ

とあって、各地の庚申講の中にもこの印信を受けているのは、山伏が与えたものであ

ることがわかる。

ところで庚申待はさきにものべたように、庶民信仰の同族祖霊祭が夜中におこなわれていたところに、道教の三尸虫説による守庚申《しゅこうしん》が結合して、徹夜をする祭になった。そしてこの祭にはもと庚申神（実は祖霊）の依代《よりしろ》として、ヒモロギの常磐木《ときわぎ》の枝を立てたのが、庚申塔婆としてのこったのである。これがもし三尸虫の守庚申ならば、庚申塔婆を立てる理由がない。しかしこの庚申塔婆も塔婆というのは仏教が結合したからで、庶民信仰のヒモロギが石造化した場合は自然石文字碑になり、仏教化した塔婆が石造化した場合は青面金剛を書いた板碑形庚申塔になったものと、私は理解している。

このように自然石文字碑と青面金剛板碑とのあいだには、根本的な区別がある。しかも庚申塔婆が青面金剛板碑となる必然性については、私は「塔婆の変遷」のプロセスからこれをかんがえている。塔婆の変遷については、「石の宗教」としてはもっとも重要な問題なので、後段でくわしくのべたいが、私はこれを昭和二十八年の『仏教民俗』第一号（高野山大学歴史研究会刊）で「仏教と民俗学」と題して発表し、その後、月刊『東方界』（書林東方界発行）に連載中の「葬と供養」（第五十四回）に、これを塔婆の「ヒモロギ起源説」として再論した（のち『葬と供養』東方界、一九九二年)。すなわち石造塔婆の一つである板碑の「五輪塔起源説」も否定して、ヒモロギから板碑が発生したことを結論づけたのである。

このように一本の常磐木の枝をヒモロギとして立て、そこに祖霊を招《お》ぎおろして祭をする、原始的な同族祖霊祭が庚申待(庚申祭)の本質である。これはかつては六十日ごとの庚申の晩にはいつもおこなわれたこととおもうが、庚申講の本尊(庚申と書いた掛軸や青面金剛の掛軸)ができると、いちいちヒモロギを立てなくなって、七庚申の一回か、庚申年の初庚申《はつこうしん》に一回立てるだけになった。これがウレツキ型庚申塔婆である。しかし日本という国は面白い国で、このウレツキ型庚申塔婆が石造化されて青面金剛板碑になっても、庚申塔婆はのこって、七庚申の年には今も立てられている。このように原始的・民俗的なものと、仏教的・文化的なものが並存するのが、日本文化というものであり日本宗教というものである。

四　庚申待の目的と庚申縁起

庚申信仰はいろいろの変遷をたどりながら、日本の庶民の宗教生活と社会生活に深く根をおろしてきた。これが大正(一九一二—二六)以後急速におとろえたのは、日本人の社会関係と宗教意識が大きくかわったためである。しかしわれわれは庚申講はなやかなりしころの庶民にまなぶべき点もすくなくないし、何よりもおびただしい庚申塔の存在を無視するわけにはゆかない。この庚申塔の意味とその背景を常識的にも、知っておく必要があるであろう。

庚申信仰には窪徳忠氏の研究があり、またその研究団体もある。しかしこれを最初郷土研究の立場からとりあげたのは、戦前の信濃教育会東筑摩部会であって、昭和十八年に『農村信仰誌——庚申念仏篇』を刊行した。これは昭和十四年からの調査をもとに、主として竹内利美氏の執筆したものであった。この調査は東筑摩郡内の碑石全部を対象にしたものとして特筆に価するが、その類別を見ると、信州のみならず、東国一般の建碑建塔の傾向をしめす貴重な資料であることがわかる。

道祖神碑	九八〇
庚申塔	七二五
馬頭観世音碑	三四四七
廻国供養塔	一七五
納経供養塔	八一

念仏供養塔	四〇九
二十三夜塔	二三八
蚕玉《こだま》神碑	一四一
其　他	一九四

したがってこの一郡内で六三九〇基の宗教民俗塔碑があるわけで、庶民の宗教生活の大きさにおどろくのである。しかしこれでも路傍のものを主体としたので寺堂の境内のものを加えれば、もっと多数になるという。もちろん馬頭観音碑が図抜《ずぬ》けて多いのは、これが牛馬の守護神であるばかりでなく、養蚕守護の碑だからである。またこの調査は刻像碑（板碑形）と文字碑の割合も出しており、道祖神は刻像碑四〇八に対して、文字碑四七一であり、庚申像は刻像碑二七五に対して文字碑四三三である。そして庚申塔の建塔年代のうち、さきにのべた庚申年の建塔は全体の約二割（紀年銘のあるものの三割）で、

延宝八庚申年	四
元文五庚申年	一三

寛政十二庚申年　三一
万延元庚申年　　六二
大正九庚申年　　二九

とあり、江戸時代末が最高であったこともわかる。

それでは庚申塔の種々の形態をのべる前に、庚申待とその建塔の目的をのべておくこととする。これは祖霊供養または先祖祭の目的とおなじで、先祖の加護によって厄難をのがれ、豊作を願うのが目的であった。しかしこれが仏教化すると「七難即滅、七福即生」というようになり、七色菓子を必須の供物とすることになる。また六道の苦をのがれるという信仰もできたことが、『庚申尊縁起』に見え、仏教の唱導に利用されたこともうかがえる。

夫《そ》レ年ニ六度ノ庚申アリ。先ツ一番ノ庚申ニハ地獄ノ苦ヲ遁《のが》レ、二番ノ庚申ニハ餓鬼道ノ苦ヲ遁レ、三番ノ庚申ニハ畜生道ノ苦ヲ遁レ、（中略）斯《こ》ノ故ヲ以テ深ク信仰スル輩ハ寿命長久ニシテ七福即生ノ徳ヲ受ケシム。別ケテ天竺《てんぢく》ヤ震旦《しんたん》ノ国ニハ専《もっぱ》ラ信仰祭祀スルナリ。庚申ノ日ニハ諸仏初メ十二天童天降リ、庚申帰依ノ衆生ヲ加

護シ玉フ。（下略）

とある。

またこの縁起には庚申の十徳をのべており、一に諸病悉除《しつじょ》、二に女子悪子を生まず、三に寿命長遠、四に諸人愛敬、五に福徳円満、六に三毒消滅、七に火難水難を除き、八に盗人悉除、九に怨敵《おんてき》退散、十に臨終正念《りんじゅうしょうねん》とうたっている。そしてこのように莫大な庚申の利益をうけるためには、精進潔斎をしなければならないとする。すなわち、

扨《さ》テ庚申祭ノ前夜ヨリ肉食五辛ヲ断チ、精進潔白ニシテ不浄ノ行ヲナサズ、（下略）

とあり、とくに「不浄ノ行」という男女同衾《どうきん》を禁ずるタブーがきびしかった。これは室町時代から書かれていて、文安元年（一四四四）成立の『下学《かがく》集』の庚申には、

此夜夫婦行《ヘバ》レ婬《ヲ》、則《チ》所レ妊《ム》之子、必《ズ》作《ル》レ盗《ト》。故《ニ》夫婦所《ノ》レ慎《ム》夜也

とあり、また近世の『女庭訓大倭嚢《おんなていきんやまとぶくろ》』には、

庚申《かのえさる》と甲子《きのえね》の日、男女さいあいを致し候へば、二人ながら大毒にて、年をよらせ命短くなし、病者になり候。若し其夜子種定り候へば、その子一生の間病者に候か、盗人か大悪人かに候。むかしより例ちがひ申さぬ禍にて候まま、能《よく》そ御つつしみあるべく候。

とあり、庚申の夜のタブーはどこででも聞かれるほど有名である。

しかしこのタブーは興味本位にかたられるだけで、なぜかという考察がなされていない。これは決して三尸虫説《さんしちゆう》からは説明できないことで、日本の先祖祭にともなう厳しい精進から出たのである。先祖祭の代表的な祭として新嘗祭《にいなめのまつり》があるが、その前一ヵ月致斎《ちさい》は厳重であった。この新嘗の先祖祭は、民間では仏教化して「大師講《だいしこう》」とよばれ、その夜は祖霊の来訪を待って徹夜し、大師風呂《ぶろ》という風呂を立てて潔斎した。新嘗《にゆうなみ》の夜には男女が別々の家に寝たことをしめす、『万葉集』(巻十四)の歌がある。

誰そ　此の屋の戸押そぶる　新嘗《にふなみ》に
　　我が背を遣りて　斎《いは》ふこの戸を

という歌は、新嘗の祖霊祭には夫を他所へやって、妻一人が忌み籠って祖霊をまつったことをさししめしている。しかし奈良時代にはこのタブーを無視して、女一人の家に入ろうとする痴漢もあったのが、この歌であるけれども、庚申の夜のタブーはこの祖霊祭の名残りと、私はかんがえるのである。

五　守庚申の三尸虫説

庚申信仰を中国道教の日本伝来とする従来の諸論に対して、私は庚申は日本固有の祖霊祭（先祖供養）の一つの形態であることを、くどいように主張している。この私の研究姿勢は、日本の歴史、日本の宗教、日本の文化全体にわたっておなじである。私は日本文化の中に日本固有のものをまず定立《ゼッツエン》し、そこに外来文化がどのように取り入れられ、どのように変化して、現在に到ったかをあきらかにしようとする。このような主張を庚申信仰にも貫いているので、従来の見解と異なるのである。そうしないと、このなぜ庚申講をつくるのか、なぜ庚申塔や庚申塔婆を立てるのか、またこれに庚申供養と書くのか、庚申と猿や鶏の関係は何か、庚申に七の数を重んずるのは何故か、庚申年の庚申塔に酒を埋めるのは何故かなどの、諸々の疑問が説明できない。

庚申信仰にももちろん外来宗教の影響をうけた部分がある。三尸虫説というのはそれである。だからといって、庚申はすべて外来だというのは、庶民の存在なり庶民信仰を無視することになる。かつては外来の文化や舶来品は上等であった。今でも外来の思想や憲法や文学や演劇舞踊の方が上等だという人もいる。しかし昔の外来文化は知識階級や上層階級だけが享受したもので、庶民はつねに変わることなく民族固有の文化や思想をまもってきた。この土台があったればこそ、日本は安定した社会と文化を保持することができたのである。固有文化の泥臭さが、日本の本質なのである。その価値が外来科学文明の摂取にも発揮されていることは、今日見る通りであろう。

したがって庚申信仰は、平安時代には「守庚申《しゅこうしん》」として貴族のあいだに、中国道教の庚申信仰が入ってきた。留学生や留学僧がもたらしたらしく、遊び好きの貴族のあいだにたちまち広まった。そしてこれを夜更かしの飲食と交際の口実に利用した。海のあちらで流行している遊びだといえば、堅い親父も上司も禁止することができなかったであろう。現在「守庚申」の夜の歌が多数のこっており、さきにあげた『枕草子』（「五月の御精進のほど」）にも夜更けに天皇から題が出て、歌を詠んだとあるが、これも戯《ざ》れ歌の応酬をする遊びであった。『宇津保物語』（「祭の使」）には、

中のおとど（あて宮の御殿）に庚申し給ひて、男女、方《かた》分きて、石はじきし給ふ。侍従（仲澄）、お前なる硯《すずり》に、手まさぐりして、

ぬ（寝）るまなく　歎く心も　夢にだに
添ふやと思へば　まどろまれけり

と書くままに消えぬ。

とあって、男女に分かれて石はじきなどの幼稚な遊びをした。侍従は眠くてたまらなくなって、歌をのこして消えてしまったとある。まことに他愛ない連中だったのである。

このような貴族の遊びには、中国では庚申の三尸虫《さんしちゅう》という俗信がかたられたらしい。ほんとうに信じていたかどうかは保証のかぎりではないが、三尸虫というだけでハイカラで恰好《かっこう》よかったのであろう。今のアイデンティティみたいなものである。その内容は『老子三尸経』にあるというのだが、こんなお経があったかどうかも保証の

かぎりでない。これを室町時代初期（文安三年〈一四四六〉）の『塵添壒囊鈔《じんてんあいのうしよう》』（巻十）によると、

人ノ生ル、ヨリ三尸ト云者アリテ、身ヲ離レズ。人ヲ害セントス。庚申ノ夜人ノ罪禍ヲ天ニ告グ。上尸ハ頭ニ居テ眼クラシ。面皺《おもてしわ》ヲタ、ミ髪ノ色ヲ白クナサシム。中尸ハ腸《はらわた》ノ中ノ五臓ヲ損ジ悪夢ヲナシ飲食ヲ好ム。下尸ハ足ニ居テ命ヲ奪ヒ精ヲナヤマス。庚申ノ日ネブラズシテ、三尸ノ名ヲ呼ベバ、禍ヲ除キ福ヲキタス。老子三尸経ニ見ヘタリ。夜半ノ後、南ニ向テ再拝シテ曰、上尸《ジヤウシウ》又彭俗青色《ハウゾクシヤウシキ》　中尸《チウシ》白色《ビヤクシキ》　下《ゲ》尸《シウ》又彭蟜赤色《ハウケウシヤクシキ》　彭侯子《ハウコウシ》　彭常子《ハウジヤウシ》　命児子《ミヤウジシ》　悉《ク》入《リ》㆓窈冥之中《ニ》㆒去《リ》㆓離《レ》我身《ヲ》㆒三反唱ベシ。古語云《ニ》、三《タビ》守《レバ》㆓庚申《ヲ》㆒三尸伏《ス》　七《タビ》守《レバ》三尸滅《スト》云、是ニヨリテモ庚申ヲ守ト云ル歟。

とあり、三尸虫《さんしちゆう》説を尽くしている。貴族が庚申の夜にこのような唱え言をしたかどうかはあきらかでないが、守庚申の遊びでかれらがもっともおそれる老と病と死をまぬかれるとすれば、これほど結構なことはなかったわけである。ところがこの唱え言は山伏の方では「オン・コウシン・コウシンメイ・マイタリ・マイタリヤ・ソワカ」という真言に変えたのであるが、これは「マイタリヤ」すなわち弥勒《マイタレーヤ》菩薩と庚申を同

一視する信仰をあらわした。そしてこれに添えて諸行無常の四句偈《しくげ》を唱えたのであるから、むしろ庚申信仰を通して諸行無常の仏教の根本教理を自覚させ、合わせて先亡祖霊の供養をしたことがわかる。

それでは貴族たちの庚申の礼拝対象は何であったのであろうか。これはその唱え言にもあるように、三尸虫を礼拝するのでなくて、これを追い出そうとする祭であった。すなわち「三尸虫（彭侯子、彭常子、命児子）よ、真暗なところへ向かって、我が身を離れ去れ」というのであるから、守庚申とは眠らずに夜明しをして、三尸虫が身を抜け出さないようにするという教説とももちがうことになる。ところが、私はこの唱え言の三尸虫を離れ去らしむという思想が庚申塔の三猿になっているとかんがえる。猿は庚申の申《さる》とも関係があるけれども、これを三匹とするのは三尸虫を「去《さ》る」ことを寓したものとおもう。したがって三猿はすべて否定的にできており、災禍を見ず、災禍を言わず、災禍を聞かずという意味であろう。

また庚申塔の鶏は夜を徹しての行事であるので、夜明けを告げる鶏をあらわすが、同時に鶏の鳴声ですべての禍が去ることもあらわしている。よく昔話にあるように、鬼は鶏が鳴けば夜が明けないうちに立ち去るというのも、この意味である。この鬼は常世《とこよ》または幽冥界《ゆうめいかい》（黄泉《よみ》）へ去るので、鶏は「常世（常夜《とこよ》）の長鳴鳥」といわれる。

六　庚申の猿田彦と青面金剛

ところが庶民の側の庚申には礼拝対象がある。庚申講には庚申の本尊というものがあって、神式ならば「庚申」または「猿田彦大神」という文字の掛軸であり、仏教式ならば「青面金剛」という仏像の掛軸である。いずれにせよ庶民の庚申講には、神なり仏なりが存在して、これをまつり、供養することによって禍を去り豊作を得ようとしたことが、貴族の守庚申とまったくちがう点である。

庚申の神を「猿田彦大神」とするのは、申《さる》と猿の相通からきたことはもちろんのことであるが、天孫降臨のとき、その道の露払いをしたとあるように、禍をはらう力がこの神にあるとかんがえたことによるであろう。したがってこの神は「道の神」として道祖神ともなる。しかしそれよりも重要なのは、猿田彦神は「大田神」ともよばれて、「田の神」すなわち豊作の神とされることである。庶民のあいだの庚申講は、後世になるほど豊作祈願になった。そのために「田の神」と同格の猿田彦神を庚申講の本尊として拝んだのであって、三戸虫説とはまったく異質的な庚申信仰であった。そして「田の神」というものは決して外来の神ではなくて、農耕を生活の手段とする日本固有の神である。

また一方、日本人の固有信仰では「田の神」は山から降りてくるものであって、田圃《たんぼ》の耕作が済めば山へ帰る神と信じられた。したがって冬は「山の神」となり、春から秋にかけては「田の神」として耕作を護る。これが「山の神・田の神交代説」という理論である。また猿は「山の神」の化身として山王ともよばれるので、猿田彦という神名は「山の神」と「田の神」の二面性をあらわし、豊作祈願の庚申講の神たるにふさわしいとかんがえられたのであろう。

この考え方は江戸時代以前から出ているが、『神道名目類聚抄《るいじゅうしょう》』には、

庚申の日、昼の申《さる》の刻（七ツ＝午後四時）より始めて夜の寅《とら》の刻（七ツ＝午前四時）に至る七刻の間を待ちて猿田彦大神を祭り、供物七種を供ふ。

とあり『安斎随筆』には、

神道家にては巫祝《ふしゅく》の徒、庚申に祭る神は猿田彦なりと言ひて仏家と争ふ。

とある。しかし猿田彦大神を豊作の神としたのは、鎌倉時代の伊勢神道以来のことである。鎌倉時代中期の『伊勢二所皇大神御鎮座伝記』には猿田彦神は大田《おおた》神であり、興玉《おきたま》神であり、食物の神である外宮豊受《とようけ》大神と同体であるといっている。ところがここに、

止由気《とゆけ》皇神（豊受大神）則《ハ》月天子也。故《ニ》曰《ヒ》㆓金剛神《ト》㆒、亦名《ヅク》㆓天御中主《あめのみなかぬし》神《ト》㆒

とあるのが、猿田彦神を青面金剛とする元があったのではないかとおもう。

しかし庚申と猿田彦神の関係は、伊勢神道のほかに日吉《ひえ》山王《さんのう》神道との関係がかんがえられる。これは比叡山の地主神としての日吉社を中心として成立した神仏習合神道で、猿を神使とするが、同時に猿そのものを御神体とする場合もある。したがって庚申に結合しやすかったので、日吉山王二十一社の本地仏の二十一種子《しゅうじ》（梵字《ぼんじ》）を刻む庚申塔もできた。これは東京文京区小石川水道端日輪寺の有名な「二十一仏種子申待《さるまち》供養板碑」（元亀四年〈一五七三〉銘）や埼玉県北葛飾《きたかつしか》郡松伏町上赤岩地蔵堂の「二十一仏種子申待供養板碑」（天正二年〈一五七四〉銘）などである。山王二十一社は上七社、中七社、下七社と七社ずつに分かれるところから、庚申と七の関係が出来た

とかんがえられるが、一説としては庚《かのえ》が十干の中で、甲乙丙丁戊己庚と七番目なので七を尊ぶともいわれる。しかしやはり庚申信仰の仏教化には、天台系修験の影響をかんがえるべきであろう。これは関西の庚申信仰の本寺が、天台宗の大阪四天王寺庚申堂だったことにも関係があるからである。しかしさればといって、庚申塔の三猿を天台教理の空仮中三諦《くうけちゆうさんたい》に当てたり、山城西山金蔵寺《こんぞうじ》の三猿を伝教大師作としたりするのは、行き過ぎであろう。

このような仏教化も猿田彦神の神道化も職業的僧侶や神官のかんがえたことではあるが、いずれの場合でも民衆は、庚申は豊作の神と信じていた。その豊作も庚申講で供養する先祖のおかげとしていたもので、庚申講には念仏がつきものであった。したがって庚申塔には「申待供養《さるまち》」とか「庚申供養」という供養の文字を入れることが多い。祭の本尊は猿田彦でも青面金剛でも、これを通して先祖をまつり、そのおかげで豊作を得ようという信仰構造が、庶民信仰というものであった。

この庶民信仰をよく理解して、これに沿うように庚申信仰をひろめ、民間の庚申講を結成させていったのが修験道の山伏であるが、かれらは神も仏も区別せずに礼拝したので、両部神道《りようぶしんとう》に近付きやすかった。

ことに真言密教系の山伏は伊勢系の両部神道を根底とした習合思想をもっていたた

めに、伊勢神道の豊受大神即金剛神の理論に『陀羅尼集経《だらにじつきよう》』の「大青面金剛呪法《じゆほう》」をとりいれて、日本独自の庚申本尊六臂《ろつぴ》青面金剛神像をつくりあげたものとおもう。

一般に青面金剛はこの大青面金剛呪法によってできたと説く密教家もいるけれども、日本の六臂青面金剛はこの経説とちがうばかりでなく、これを青面金剛童子とよぶことが多い。しかも『陀羅尼集経』では豊作の信仰や念仏供養の信仰は出て来ないので、これは日本の祖霊信仰と伊勢の両部信仰の結合とかんがえなければならない。伊勢では内宮（天照大神）の本地仏を大日如来とするばかりでなく、雨宝《うほう》童子（伊勢朝熊山《あさまやま》金剛証寺にまつる）とするが、これに対して外宮では金剛童子としたのが、青面金剛童子になったのであろうとおもう。

七　庚申の酒壺と先祖祭

庚申信仰は仏教（密教）と神道と陰陽道《おんみよう》（道教）の混合した、複雑な信仰内容と信仰形態をもっているが、その根底に存在するのは素朴な庶民信仰である。したがって庚申塔やその原始形態である庚申塔婆（ヒモロギ）にしても、これが仏教だとか神道だとかと、はっきり分けられるものではない。庶民信仰の根本的な理念は祖霊観念であり、祖先崇拝なので、庚申信仰も庚申の名において祖先をおがみ、共同体の先祖祭をするのが庚申講であった。

このことをあらわすのが、庚申供養や庚申念仏であることはすでにのべたが、先祖祭は真夜中におこなうものなので、徹夜の祭や講になるのである。先祖祭の徹夜は新《にい》嘗《なめ》祭（天皇家の新穀祖霊祭）にも見られ、民間では大師講（オデシコ）とよばれる旧暦十一月二十三日の徹夜行事などが先祖祭であったことは、私もさきに論じたことがある（拙稿「仏教と民俗」『日本民俗学大系』第八巻、平凡社、一九五九年）。このような先祖祭に新穀で新酒を醸《かも》すことは、古代の祭儀であったが、庚申講に新酒を造る習俗は、稀にであるけれども報告がある。私は昭和三十年代前半に因幡《いなば》の岩美町長谷でこのことを聞き、大正九年（一九二〇）の庚申年に庚申石塔の下を掘ったとき出たという酒壺《さかつぼ》を見せてもらった。講世話人はその庚申石塔へ案内してくれた足で寺へ行き、寺に預けておいた酒壺を出してくれた。自然釉《ゆう》のかかった須恵器の壺で、鎌倉時代以前のものとおもう。

この村では六十年ごとの庚申年には酒を造って庚申石塔の下に埋め、六十年後の庚申年に掘り出して呑むということであった。大正九年に掘ったときの酒は結構うまかったという。しかし私が酒好きの人に聞いたところでは、それだけの年数が経《た》てば、酒の気は抜けていたのではないかともいう。結局大正九年の庚申年にはもう酒を埋めることはなくなったので、壺が寺に預けられていたことになる。しかしこの壺は庚申講が先祖祭のために、酒を造ったことの証拠にはなるのである。

ところが私は昭和四十五年に、この因幡岩美町と隣合せの但馬美方郡浜坂町久斗山《たじまみかたはまさかくどやま》で、これと似た伝承にぶちあたった。それはこの町の総合民俗調査のときであったが、久斗山集落では氏神の大杉神社の裏手の小高い岡の上にある、樹齢六百年ほどの大檜《おおひのき》の根本に、酒壺を埋める習俗があった。私がとくにこの壺を掘り起こしてもらって見ると、丹波焼の壺に酒を入れ、ビニールで隙間をつめて蓋をし、その上に熊笹を重ねて、大きな石三個を重石に載せていた。この酒は今では庚申年の庚申講が造るのではないが、十月一日の大杉神社の祭に造って埋めたものを、毎年の祭に掘り出してその状態を見て、年の吉凶を占うのである。これを、「神様の機嫌を見る」というのであって、酒が濁っていたり味が悪くなっていれば、神様の機嫌が悪いといって酒を造り替えた。

この酒の造り方は「七尾七桶《ななおななたご》」といって、久斗川に流れこむ七つの谷の水を、新調した七つの桶に汲み入れ、大杉神社境内で氏子総代三人が新酒を造るのである。いまこれを庚申の酒とは言わないけれども、「七尾七桶」という七の数をもちいるのは、

大檜の根本の酒壺（兵庫県浜坂町）

もと庚申祭の酒であった証拠である。というのは庚申待には七色菓子をあげ、庚申待は暮七ツ時（午後四時）から明七ツ時（午前四時）までといい、功徳は「七難即滅七福即生」という。久斗山のある浜坂町や温泉町（ともに美方郡）では庚申講には七種の花を上げるというのもこれである。そのいわれは「庚」が十干の七番目だからといわれるけれども、これは猿（申）をまつる日吉《ひえ》（比叡）山王社が上七社、中七社、下七社の二十一社から成ることによるものであろう。

　したがって浜坂町久斗山の大杉神社の酒壺は、もと庚申講（庚申祭）の酒であったことは疑いないし、毎年庚申の酒を掘り出して見るという報告もある（『比田村史』）。そうすると因幡岩美町長谷の庚申講が庚申年の六十年に一回というのは、おそらく七庚申年（一年に七回庚申の日のある年）ごとに造るというのが訛伝《かでん》された疑いもある。ともあれ大杉神社の場合は、神社の背後の岡は古墳とかんがえられるので、大杉神社は久斗山集落の先祖（始祖または開拓者）をまつったもので、その祭は先祖祭である。そのとき庚申の祭の酒造りがあったのであるから、庚申祭は先祖祭とおなじだったのである。

酒を造ってまつるのは「酒寿《さかほがい》」とよばれ、氏族の祖神をまつった歌が『日本書紀』（神功皇后十三年）に出ている。これは神功皇后の祖神である「角鹿《つぬが》（敦賀）の笥飯《けひ》（気比）大神」をまつる宴《とよのあかり》の酒寿であった。

此の酒《みき》は　我が酒ならず、久志の神　常世《とこよ》に在《いま》す　石《いは》立たす　少御神《すくなみかみ》の　豊寿《とよほ》ぎ、
寿《ほ》ぎ廻《もとほ》し　神寿《かむほ》ぎ　寿《ほ》ぎ狂ほし　献《まつ》り来し酒《みき》ぞ　不余《あさず》飲《を》せ　ささ

というのが、そのときの酒寿歌《さかほがいうた》であった。おそらくこのような酒寿歌が庚申講の唱え言に変わったのではないかとおもうが、昔の庶民は年一回の先祖祭にしか酒を飲めなかったのが、年六回飲めるようになったのだから、大いに歓迎したであろうとおもう。また『万葉集』（巻三・三七九番）の有名な「祭神の歌」の、

斎瓮《いはひべ》を忌《いは》ひ穿《ほ》り居《す》ゑ

とあるのも、先祖祭の酒壺（斎瓮）を地中に埋めてまつったものであろう。

しかし一方では先祖祭には、米でつくった赤飯と団子も必須の供物であった。したがって信濃教育会東筑摩部会の『農村信仰誌』のデータでも、庚申様は「赤いもの」（赤飯）と「円いもの」（餅・団子・饅頭）が好きだといって、これらのものを供えるという。このような農村の庚申の供物が、都市民の庚申の七色菓子になり大流行を来して、農村にも逆流したのであろう。その流行の源泉はおそらく大阪四天王寺の庚申堂や、京都八坂庚申堂の門前の菓子屋からではなかったかとおもう。

八　経軌の大青面金剛と日本の庚申石塔

現在、庚申信仰の石造記念物として、もっとも目につくのは青面金剛像の石塔または板碑である。中世も室町時代には庚申信仰は天台系の修験にむすびついて、申待《さるまち》供養碑や山王二十一社種子《しゅうじ》（梵字《ぼんじ》）曼荼羅《まんだら》板碑（天文十七年〈一五四八〉・元亀四年〈一五七三〉・天正二年〈一五七四〉、寺の遺品あり）になったが、近世に入ると真言系の修験と結合して青面金剛になった。これはさきにのべたように、両部神道（伊勢神道）の金剛神（金剛童子）が雑密《ぞうみつ》経典『陀羅尼集経《だらにじっきょう》』(九)の「大青面金剛呪法」と習合して、現在の青面金剛になったものと推定される。

青面金剛像は石像にしても画像にしても、いろいろの変形があるばかりでなく、その脇侍（二童子・四薬叉《やきしゃ》・鬼）や猿・鶏なども、かならずしも同一でない。これは密教と修験道と日本人の庶民信仰が混在しているからなので、これをすこし整理分析しながら見ていくことにしよう。そこでまず、「大青面金剛呪法」の方から説明することとするが、これを見るとこの密教神は本来庚申とは無関係であったことがわかる。大青面金剛の「金剛《ヴアジユラ》」というのは、インドの神が密教諸尊にとりこまれたときの尊号であるから、「大青面神」というのとおなじである。

この経典にはまず「大青面金剛呪」という長い呪文（真言陀羅尼）をあげているが、その中には「オン・コウシン・コウシンメイ・マイタリ・マイタリヤ・ソワカ」のような和製真言は、もちろん入っていない。そしてこの呪文を唱えながら浄室に籠って、三七二十一日《さんしちにじゅういちにち》の斎戒潔浄することを述べている。その浄室の中には牛糞《ぎゅうふん》を塗った土壇をつくる。

浄牛糞を取り、之を蒸すことを得て臭気を除去し、又更に蒸し已《をは》りて、黄土《わうど》を和《わ》せる泥《でい》として用《もつ》て摩《ぬ》りて壇を作る。其の壇は縦広《たてよこ》一丈二尺。或は丈六の旛燈《ばんとう》を作り、図に依りて五色の座を作る。五色の粉を以て壇の地上に布《し》く。此の壇を作り已《をは》りて、壇の西南に坐し、面を東北に向く。至心《ししん》に呪を誦し、日別に六時、時各一百二十遍。誦すること三七日を満《みた》して、壇を遶《めぐ》りて行道《ぎやうだう》す。

という作法で療病を祈れば、万に一も失敗することなく、霖雨《りんう》過多で洪水のおそれがあれば、雷風雨も止まる。刀を加持して雲を指せば、雲の中から血が滴り落ち、樹に向かって祈れば、忽《たちまち》に華菓が成る。猫鬼野道病や鬼魅《きみ》病、あるいは時気天行病、婦人月水不通病、風狂癲癇《てんかん》病等、精神病等もすべてこの呪文で治るというのである。この法で七の数に関係があるのは、五色の縷《いと》を一呪ごとに結び目をつくり、七結びのものを臂《ひじ》にかけるということがあるだけで、日本の庚申祭と類似は一つもない。

それでこの大青面金剛の形象であるが、これは五薬叉《やきしや》の姿であるというのだから、一尊だけの日本の青面金剛と異なるのである。青面金剛の解説をしたものには、この経典の「画五薬叉像法」を見ないものが多い。この五薬叉は、真中に一身四手（左二手は三股叉《さんこさ》と棒、右二手は輪《りん》と羂索《けんさく》）で身は青色、眼は三眼、頂に髑髏《どくろ》を載せる。頭髪は聳竪《そばたち》、頭に大蛇を巻き、両手にそれぞれ一龍を下げるというすさまじい姿である。しかも足下に一鬼を踏み、左右に青衣の童子二人をしたがえるという。日本にもこの経軌《きょうき》にかなり忠実な造像があることはのちに述べることとする。

　中尊の薬叉の右の二薬叉は赤色と黄色で、刀と索を持っており、左の二薬叉は白色と黒色で矛《ほこ》と叉《さすまた》を持つ。叉は二股と三股があるが、普通は三股で三股《さんこ》戟《げき》とよばれるフォークのついたような矛である。日本の青面金剛が大部分持っているのは三股戟であり、幡《はた》のついた矛を持つことがあり、刀や髑髏や輪宝《りんぽう》や索や棒を持つことがあるのは、この五薬叉を混合したものであることがわかる。

　しかし日本の青面金剛は三面六臂《ろっぴ》で、ここにない弓と箭《や》を持つことが多く、また鑰《かぎ》や鈴や日や月を持つこともある。たとえば延宝八年（一六八〇）六月吉祥日建塔の東京文京区根津神社の青面金剛は一面六臂で、上辺二手に輪宝と三股戟、中辺二手に弓と箭、下辺二手に一童（鬼か猿か）と剣を持ち、碑面上端に日と月、下に三猿を彫っている。また同所の寛文八戊申歳（一六六八）十月十六日、武州豊島郡江戸駒込村の銘のある青面金剛は三面六臂で、上辺二手に幡矛と輪宝、中辺二手に弓と箭、下辺二手に棒（蛇を巻く）と羂索を持つ。その下部には一猿（幡をもつ）と二鶏がおかれている。また東京下谷不忍池弁天堂にある青面金剛は、「造立庚申供養二世安楽所、元禄三庚午年（一六九〇）二月吉辰」の銘があり、持物は上辺二手に四股戟（頭部のみ）と不明（欠損）、中辺二手に鑰と刀子《とうす》、下辺二手に鈴と索を持っている。そして下部には一猿二鶏があり、台座に三猿を彫っている。

ところが大分県国東《くにさき》半島の国東町、地主神社境内にある青面金剛庚申塔は、無年号であるけれども作の良い石塔で、一面四臂である。おそらく元禄年間（一六八八—一七〇四）を下らないものとおもうが、この境内には多数の庚申文字塔と青面金剛石塔があって、それぞれ特色をもっている。私は昭和五十八年二月、この町の海岸（王子ヶ浜）の王子神社をもとめて訪れ、地主神社に合祀《ごうし》されているのをさがしあてたときに発見したのである。この無年号青面金剛の持物は上辺二手は髑髏《どくろ》と矛（または剣）を持ち、下辺二手は箭と弓を持っている。二童子が脇侍となっているのは経軌を知っていた証拠であるが、一方は地蔵らしく、他方は忿怒《ふんぬ》形である。そして上部に日月、下部に三猿がある。おなじ境内の享保十四年（一七二九）銘青面金剛も一面四臂で、上辺二手は弓と箭、下辺二手は剣と袋らしいが、袋は索か鈴かもしれない。しかし袋とすれば福神とかんがえられた珍しい例になる。脇侍は二童子で一方は地蔵らしい童子像、他方は弁才天らしい。青面金剛の忿怒形相といい、上部の日月と雲形といい、すばらしい石彫作品であり、下部に三猿がある。

九　国東半島の二童子青面金剛

なお国東半島には、もう二、三の二童子青面金剛庚申塔があるから、国東六郷満山《ろくごうまんざん》の修験は比較的に儀軌《ぎき》にちかい庚申塔を建てていたことがわかる。その一つは奇巌怪石の文殊山（六一六メートル）にある文殊仙寺《もんじゆせんじ》参道の側にあり、切妻式屋根付笠塔婆の庚申塔である。年号は不明であるが江戸中期を下らない作風で、焰髪《えんぱつ》、四臂《しひ》、短袴《たんこ》の立像の足下に一鬼と二童子、二鶏が彫られている。四臂には下辺二手に弓と箭、上辺二手はあまり明らかでないけれども、輪宝と刀子らしい。碑面上部の雲形の中に日と月をあらわしたのは、日月晴明、風雨順時による五穀豊穣《ほうじよう》を祈るものと、私は解釈している。これは六十六部廻国供養塔に、かならず「天下泰平、日月晴明、風雨順時、五穀豊登」と書かれていることから推定したものである。

青面金剛像に二童子を配するのは『大青面金剛呪法』の「画五薬叉像法《やきしや》」に、中尊薬叉が一身四手で足下に一鬼を踏み、左右に青衣の二童子をしたがえる、とあることによったものであろう。そうすると文殊仙寺の庚申塔は経軌《きようき》にかなり忠実だったということになる。文殊仙寺は六郷満山二十八ヵ寺の中でも唯一の役行者《えんのぎようじや》開基の修験寺院で、巨大な巌窟の中に本堂（天文七年〈一五三八〉建立）があり、文化財的石塔、石像も多い。おそらく本堂の巌窟を胎蔵界とし、相対する峰の立岩を金剛界として修行する行場《ぎょうば》だったであろうが、このような山に青面金剛庚申塔があるということは、密教的庚申信仰が修験者によって管理されたことをしめすものであろう。

国東半島のもう一つの二童子青面金剛庚申塔は、有名な文化財の多い真木大堂《まきのおおどう》（豊後高田市真木）の庭にある。従来庚申研究者にもまったく注目されていないが、まことに面白いもので、二童子のほかに四鬼が彫り出されているから、「画五薬叉像法」に忠実な表現をしたことがわかる。石塔は入母屋《いりもや》型の屋根付で、その下に帽額《もこう》のような水引幕を垂らし、これを紐《ひも》でしぼり上げて、本尊の御顔があらわれた形に造ってある。なかなか手の込んだデザインで、上半分が青面金剛と二童子で占められる。青面金剛は焰髪でなくて鉢形の兜《かぶと》をかぶり、六臂《ろっぴ》である。実際は四臂で上二手は右手に三《さん》股戟《こげき》、左手に輪宝のごときものを持ち、下二手は鈴と棒を持って、他の二手は中央で合掌している。これは「画五薬叉像法」の三股叉《さんこさ》、棒、輪、羂索《けんさく》によく似ている。また上二手から蛇と龍が左右にのびているのも、両手に一龍を下げるという儀軌に近い。青面金剛の兜はこの三股戟にふさわしく、毘沙門天《びしゃもんてん》のような兜にしたものとかんがえられる。

二童子は中尊青面金剛とおなじく蓮座の上に立っており、長袖の衣を垂れ頭に小さな冠をのせている。冠がなければ頭は円頂で地蔵に似ている。合掌形の両手には右(向かって左)の童子は梵篋《ぼんきよう》、左の童子は宝珠を持つ。経軌にない姿である。またこの三尊の上部の空間は雲形で埋められていて美しい。この庚申塔の経軌への忠実性は、下半分の下段に一列に並んだ四鬼に見ることができる。これはたしかに「画五薬叉像法」の四薬叉にあたることはうたがいない。すなわちこの五薬叉の中尊は大青面金剛として、二童子をしたがえた鬼形であり、他の四薬叉はその左右に並ぶというのを、下部に一列にあらわしたのである。

薬叉《やきしや》というのはYakṣaの音訳で、普通は夜叉《やしや》といい、また羅刹娑《らせつさ》Raksasaともいう。これは悪鬼、鬼道の総称で、能噉鬼《のうたんき》とも捷疾鬼《しようしつき》とも翻訳される。また祠祭《しさい》鬼ともいって、これに恩寵を祈ることもある。『慧苑《けいえん》音義』(下)に、

夜叉《ハ》比《ヲ》云《フ》㆓祠祭鬼《ト》㆒　謂《ク》俗間祠祭《シテ》　以《テ》求《ムル》㆓恩福《ヲ》㆒者也。旧《ニ》翻《ズ》㆓捷疾鬼《ト》㆒

とあるのがそれである。わが国で鬼に恩寵を祈るように、インドでも恐ろしい存在によって悪魔をはらい、その保護をもとめる信仰があったのであろう。ただ日本では本

来の鬼は祖霊の形象化されたものなので、もともと恩寵的であって、これを怒らせた場合に祟《たた》りを恐れたのである。

ただ密教の儀軌や図像に見られる薬叉はあまり忿怒の姿をとらないで、武器を持っている。三股戟や剣や輪宝（羯磨輪《かつま》）、宝棒はみな武器である。したがって青面金剛の薬叉がこれらの武器を持って一龍を摑《つか》んだり、一鬼を踏んだりするのは、仏法に仇《あだ》をなすものを退治し、災禍を壊却することをあらわしている。ところが国東半島の真木大堂の青面金剛庚申塔では、儀軌の四薬叉を二本の角を生やした日本風の鬼で表現した。これらの鬼も二童子とおなじように袖の長い衣を着ており、奉加帳を腰に下げた「鬼の寒念仏」のようで、仏教に帰依した鬼であろう。持物も「画五薬叉像法」の刀、索《さく》、矛《ほこ》、叉《さすまた》のような物騒なものではなくて、刀と、合掌か梵篋《ぼんきょう》に見えるものである。しかしその鬼面の表現はユーモラスで柔和でおもしろい。

以上のように真木大堂の青面金剛が経軌に比較的忠実であるのに、その中に日本独自の庚申信仰の表現も混在していることに注意したい。これはいうまでもなく、水引幕の左右にあらわされた雲上の日月と、下部上段の三猿と二鶏である。水引幕の下縁は山形にひろがって端は蕨手型《わらびてがた》に巻き込み、これに唐草文様の雲がつづき、その上に日と月がある。素朴な手法でしかも美しく、独創的である。また三猿の中央は両手を目にあてて「見ざる」をあらわし、右（向かって左）は手で耳を掩《おお》い、左は口にあてて「聞かざる」「言わざる」をユーモラスに表現して間然するところがない。辺陬《へんすう》の地の石工であったろうが、一点一画も無駄がないのにはおどろくのである。また二鶏も右は牝鶏、左は雄鶏が的確にあらわされている。

われわれの祖先は外来の文化を受容するのに、ただ好奇心だけで無批判的に模倣したのではない。もっとも、貴族、文化人は無批判的模倣だったかもしれないが、一般庶民は日本人の生活と信仰に即して、外来文化を選択的に、かつ変形して受け容れた。それは庚申信仰と庚申塔にもよく見られるところで、これを道教そっくりでないから価値がないとか、密教の儀軌に合わないから出鱈目《でたらめ》な庚申塔だと評価することができるであろうか。今の歴史学や思想史、仏教史では、そのような評価がまかり通っているけれども、日本民俗学はむしろ、庶民の選択的・変質的外来文化の受容に意義をみとめ、そこにこそ日本文化の独自性と特質を強調しようとしている。

十　庚申と宇賀神および円空作の庚申

私は最近東京でめずらしい青面金剛庚申塔を見たので、それをちょっと紹介しておこう。これは国電（現JR）王子駅に近い王子神社と飛鳥山《あすかやま》を調査に行ったとき、維新前まで王子神社の別当寺であった王子山金輪寺《きんりんじ》の入口で見たものであった。この金輪寺ももと広大な境内をもっていたことが知られており、王子稲荷社をふくめて王子神社に接し、王子郵便局あたりにも及んでいたというから、この庚申塔ももとは別のところにあったのであろう。しかし『江戸名所図会』（巻五）の王子権現や金輪寺の項もこれを記していない。

この青面金剛の特色は、頭上に蛇のとぐろを巻いた宇賀神《うがじん》をのせていることである。宇賀神は蛇のとぐろの上に老翁または女性の頭をつけることが多いが、この青面金剛にそれがあったかどうかは分からない。しかしたとえ頭がなくとも、これは豊作と福徳を祈る宇賀神であったことは、疑う余地はあるまい。宇賀はウケ（食物）のことで宇迦之魂《うがのみたま》ともいい、稲荷と同体である。したがってこのような像ができることは、密教の「大青面金剛呪法」とは関係なく、庚申信仰が農民の豊作祈願であり、都市民の商売繁昌祈願であったことを物語るものであろう。

またこの青面金剛の面相を猿に似せていることにも意味がある。庚申と猿は天台宗の本山比叡山の日吉《ひえ》山王《さんのう》社と猿に関係があるという説もあるが、金輪寺は関東古義真言宗の五ヵ寺（金輪寺、伊豆走湯山《そうとうさん》般若院、箱根金剛院、相模大山《おおやま》八大坊、鎌倉鶴岡坊中荘厳院）の一であるから、そのためではあるまい。これもやはり民俗としての庚申は、猿を山神の化身であるとともに農耕神とする信仰から出たものとおもわれる。そうするとこの板碑形石塔に「奉造立石像庚申祈願成就、正徳二年（一七一二）云々」とあるのは、豊作感謝の造立であったという推定が成り立つ。それでこの碑面上部に、長い雲を引いた日月が刻まれた意味もあきらかになる。

しかしこの青面金剛は八臂《はっぴ》で、中心の合掌の二手をのぞけば持物は、三股戟《さんこげき》と鬼、輪宝と棒、弓と箭を見ることができ、密教の儀軌《ぎき》を多少ふまえていることがわかる。そして一鬼を足下に踏み、その下に三猿がある。ただ鶏が左右に二羽ずつ、計四羽であるのが他と異なる点である。青面金剛の持物にしばしば鬼の頭を摑んで下げたものがあるのは、この尊が自ら薬叉《やきしや》（鬼）であるとともに、なおいっそう暴悪な悪魔を退治することをあらわしたものであろう。そしてこれは「画五薬叉像法」の「一龍を下げる」ということに当たるとおもわれる。

次に二童子を脇侍に配する青面金剛像を木彫にしたものに円空仏がある。この放浪の彫刻僧は木端仏《こつぱぶつ》とよばれるほどの単純化された造型の仏像を多数作り、その数は現在わかるものだけでも五千体に達しようとしている。その中で青面金剛像を十三、四体のこしているが、多く飛驒《ひだ》と美濃《みの》地方にあるのは、このあたりに庚申講が盛んだっためであろう。円空晩年の元禄四年（一六九一）銘のものもあって、円熟作が多いが、中には初期、中期とおもわれる作もある。元禄三年は庚午《かのえうま》にあたり、元禄五年が壬申《みずのえさる》であるけれども庚申年はないので、七庚申年に作ったのかもしれない。

円空作青面金剛の中で、飛騨山県郡美山町の梅谷寺のものは、焔髪《えんぱつ》に一面二臂《にひ》像で足下に二童子を配する。持物は三股戟と索だけである。また美濃関市神野の道家三郎氏蔵の青面金剛も一面二臂で二童子を脇侍とするし、持物も索とおそらく三股戟（今失われて穴のみ）で、この二作品はまったくおなじ発想で作られたであろう。しかも二童子も右（向かって左）脇侍は長い杖と宝珠を持ち、頭上に五輪塔をのせるところもおなじであり、左脇侍が両手を耳にあてて「聞かざる」のポーズをとるところまで同一である。おそらく右脇侍は五輪塔と杖（宝棒）と宝珠から見て、雨宝《うほう》童子（伊勢朝熊《あさま》山《やま》の本尊で天照皇大神の本地）にちがいない。これも農民の日待《ひまち》講《こう》本尊であり豊作の神である。しかし左脇侍の「聞かざる」像が何像であるかはわからない。この二青面金剛の中で美濃関市の道家氏蔵のみが、台座に三猿を彫っている。

円空作青面金剛のもう一つのジャンルは焔髪三面二臂宝珠三猿像で、飛騨益田郡下《げ》呂《ろ》町の今井省二氏蔵、今井与一氏蔵、今井義久氏蔵三体とすぐ隣の益田郡金山町の白山三所権現社蔵である。この下呂町のものに「庚申青面金剛神　元禄四年辛未《かのとひつじ》卯月二十二悦日」の墨書がある。金山町像もまったくおなじ作風で、同年同月二十日の作である。そして円空青面金剛の第三のジャンルは焰髪一面二臂宝珠三猿像で、ほぼ同作の二体が美濃加茂郡白川町の洞雲《とううん》寺と庚申堂にある。円空は以上三種の青面金剛像を彫刻しているけれども、第一ジャンルの焰髪一面二臂二童子像がもっとも儀軌に忠実なものということができ、また作もすぐれている。このほかに例外として初期作とおもわれる異形の青面金剛像が美濃郡上《ぐじょう》郡美並《みなみ》村の若宮八幡社に一体あり、長方形の光背を蕨手型の雲形でかざり、焰髪一面六臂（三猿なし）である。六臂には宝剣と鬼の首、宝棒と宝珠を持つことはわかるが、あと二手の持物は不明である。また中期作の力士型青面金剛像が名古屋市の荒子観音にも一体あって、焰髪一面六臂三猿、首に髑髏《どくろ》をかけ、持物に鬼の首と刀子《とうす》、輪宝、宝珠をもつことまではわかるけれども、他は何を持つかわからない。

第七章　馬頭観音石塔と庶民信仰

一　路傍の石仏・石塔

石の宗教は過去の宗教の遺物であることが多いけれども、金属と機械化の現代では、それを路傍や寺庵《じあん》の庭、社祠《しゃし》の入口などで見ることは、心のやすらぎであり、一種の救いでさえある。

歴史、とくに郷土史、地方史といったようなものは、現実には一文にもならないし腹の足《た》しにもならない。しかしその土地に住む人にとっては、この田畑を開き、森蔭《もりかげ》に家を建てて生活し、子供を生み育てて、そして死んでいった先祖を知りたいという願望がある。それは「我は誰であるか」を問う自己認識の本能といってもよいもので、この願望をみたすために歴史があり郷土史がある。現在の市町村史編纂と出版のブームは、戦後の日本人の心に、この願望がいかに高まっているかをしめすものである。

しかし名もない庶民は、記録文献にのるような歴史はのこさない。のこすとすれば石で造った石塔や石碑であり、また木で作った社祠、寺庵であり、そこにまつられた神や仏である。ことに石塔、石仏、石碑は雨の日も晴の日も路傍に立って、通る村人にほほえみかけ、見る人の心を和《なご》ませる。それは子孫に何ものこせなかった先祖たちの、心の遺産であろうとおもう。私は戦前、戦中、戦後の各駅停車の列車を利用する時期には、車窓から石塔や石仏を多く見かけた所では、すぐ次の駅で下車して、民俗の聞書をとることにしていた。そのような土地はかならず人情がゆたかで、先祖と伝統を大切にし、民俗もよくのこっているからである。

ヨーロッパのとくにカトリック教国では、いたるところに石の十字架とマリア像が立っている。路傍、十字路、三叉路、村の入口と出口、教会の庭と墓地、村人のあつまる広場などである。これらの石製十字架やマリア像が、人々の心を豊かにすることはいうまでもないが、ヨーロッパの田園風景や道路の景貌《けいぼう》を魅力あるものにしている。これとおなじことは日本の石地蔵や道祖神石塔、庚申《こうしん》塔、馬頭観音や如意輪観音石像などにも言える。ところがちかごろの日本では、公園や老人集会所の庭に石地蔵を建てたといって、牧師さんやインテリ住民に憲法違反で訴えられる始末である。これなどは近代合理主義だけで判断するからで、庶民信仰や庶民感情を理解できない冷たい人々のすることとである。おなじようなことはブルジョア革命といわれる明治維新にもおこって、これは神仏分離を排仏毀釈《はいぶつきしやく》と誤解した役人や暴徒によって、石仏・石塔が破壊され、川や谷へ投げ捨てられた。現在われわれが路傍に見ることのできる石仏・石塔は、その嵐をくぐりぬけたものであるだけに、きわめて貴重である。

日本では庶民信仰の石仏は、板碑《いたび》形の石に半肉彫のレリーフとして彫り出され、板碑または石塔の形をとることが多い。また磨崖仏《まがいぶつ》として自然の岩壁に、半肉彫や線彫され、大きな丸彫の石仏はすくない。これは石彫の技術の問題もあるが、日本人の石そのものへの信仰があって、石を彫刻の素材とするのでなく、その石に道祖神や庚申（先祖）や観音、地蔵の魂を彫り込む意味があったためとおもう。したがって石が主体であって神像、仏像はシンボルであるから、ディテールを彫らないでも、それと分かればよかったのである。するとシンボルの簡単なものは文字であり梵字《ぼんじ》であることになり、石仏の代わりに名号碑や光明真言碑、阿字《あじ》や五仏種子《しゆうじ》の板碑になったりする。これからのべようとする馬頭観音も、半肉彫板碑形石仏のものよりも文字碑が多く、またこれを「馬力神《ばりきしん》」「馬櫪神《ばれきしん》」「蒼前神《そうぜんしん》」などとするのもそのためである。

そうは言っても信州などでは板碑形石仏の馬頭観音が多くて、前にあげた『農村信仰誌——庚申念仏篇』（信濃教育会東筑摩部会編、一九四三年）では、道祖神石仏四〇八体、庚申石仏二七五体に対して、馬頭観音石仏（刻像碑）は二〇〇九体で、文字碑は一四二五基となっている。このような民間信仰の石仏、石塔はどこの村でも「たくさんある」とか「いたる所にある」といわれるだけで、正確な調査がおこなわれていないのに、信濃教育会の『農村信仰誌』が、この調査を統計でしめしたのは貴重である。これは一郡内のものを小学校の先生たちが手分けして数えたのを集計したから分かったもので、庶民信仰の研究調査は庶民が大勢かかってはじめて可能だという一例である。それでも寺の境内などにあるものは落ちているという。しかし貴重な統計なので、その他の部も転載しておこう。

	（刻像碑）	（文字碑）	（其　他）	（計）
道祖神碑	四〇八	四七一	一〇一	九八〇
庚　申　塔	二七五	四三三	一七	七二五
馬頭観世音碑	二〇〇九	一四二五	一三（不明）	三四四七
二十三夜塔	七	二三一	—	二三八
蚕《こ》玉《だま》神碑	九	七八	五四	一四一

念仏供養塔	三二	三七七	―― 四〇九
廻国供養塔	七	一六八	―― 一七五
納経供養塔	五	七六	―― 八一

しかし信州にとくに馬頭観音が多いのは、この地方が養蚕地帯だったからで、このような地方性をかんがえて、この統計表を見る必要がある。馬頭観音は普通牛馬供養の仏とかんがえられるけれども、これを養蚕守護の仏としたのは庶民信仰の不思議さである。そして養蚕も牛馬を飼うこともほとんどなくなった今日、馬頭観音の石仏と石塔は過去の宗教の遺物となった。しかしその苔《こけ》むして蔓《つる》の巻いた石仏、石塔は今でも路傍に立って、日本人の心の中にかたりかけているのである。

二　板碑形馬頭観音石塔への信仰

従来馬頭観音石仏は、石仏研究の分野ではまったくあつかわれていない。これは石仏を石造美術として、美術史の対象としたからで、江戸時代に無数に造立され、どこにでもころがっているようなものは、美術品ではないからである。しかし私の「石の宗教」では路傍の馬頭観音のような石仏は、庶民信仰の対象であるから、宗教史の貴重な資料となる。美術品というものは独創性が重要な条件なので、どこにでもあるものは、美術品にならない。ところが庶民信仰の対象になるものは、職人である石匠、石工が類型的な作品を、毎日毎日つくり出すので、独創性はなくなる。しかしこれは何百万、何千万の庶民の共通した宗教的要求にこたえるもので、形の上手下手、技法の精緻《せいち》粗雑は問うところではない。庶民のいかなる願いをこめてこの石仏が造立されたかが問題である。

石仏といえば奈良時代の石位寺《いしい》三尊石仏（奈良県桜井市）や頭塔《ずとう》石仏群（奈良市高畑）や、平安時代の大谷石仏（栃木県宇都宮市大谷）や臼杵《うすき》石仏（大分県臼杵市）などがまず出てくる。たしかにこれは高い芸術性をもった文化遺産であるが、その信仰内容はほとんど明らかでない。これに対して路傍の馬頭観音石仏は造立の趣意がわかるのであって、その第一の目的は牛馬の安全守護であり、第二は牛馬供養である。その造立には万人講《まんにんこう》を組織して、喜捨《きしや》をあつめることは有名である。ここにも庶民信仰の共同性が見られ、勧進によって多数同信者の願いを結集すれば、その石仏の功徳《くどく》は莫大なものになると信じられた。そして第三の目的は養蚕守護のためであるが、これは馬と蚕の関係から出ていて、オシラ祭文《さいもん》などでは、名馬の死骸から蚕が発生したと説かれている。それで馬を仏とした馬頭観音が蚕を守護するという民間信仰になったのである。

このような民間信仰の馬頭観音像は、修験道を通して密教の儀軌《ぎき》図様《ずよう》が石像になったらしく、一面四臂《しひ》、三面六臂、三面八臂等の忿怒《ふんぬ》明王像が多い。それにもかかわらず「馬頭観音」というのは、これを六観音の一の馬頭観音と同一視したためである。私が岐阜県郡上《ぐじょう》郡美並《みなみ》村黒地《くろじ》の路傍で見た馬頭観音は三面八臂で、『図像抄』の馬頭観音図様にきわめてよく似ていた。三面はともに忿怒面で焔髪《えんぱつ》、眼と眉《まゆ》をつり上げ、頭上に馬の頭をのせている。『図像抄』にはこの馬の頭はなくて、八臂の持物は左第一手宝棒、右第一手宝剣、左第二手羯磨《かつま》、右第二手三鈷斧《さんこふ》、左第三手索《さく》、右第三手与《よ》願印《がんいん》、そして左右第四手は胸前で印《いん》を結んでいる。これに対して美並村の馬頭観音石仏は、八臂の左第一手は羯磨、右第一手宝剣、左第二手宝棒、右第二手手斧《ちょうな》、左第三手索、右第三手も索、左右第四手は胸前で合掌する。この両者の差はきわめてすくないので、美並村の像は密教図像をもとにしていることがわかり、そうとすればこの造像造立を指導したのは山伏であったということができる。

馬頭観音は庶民信仰なので、民俗学があつかってよさそうであるが、これに関する研究はほとんどない。ただ柳田国男翁が初期の『山島民譚集《さんとうみんたん》』（一九一四年、甲寅叢書、のち『定本柳田国男集』第二十七巻）に、「馬蹄《ばてい》石」の問題としてわずかにこれに触れている程度である。この中で馬頭観音は駒形神の本地仏《ほんじぶつ》としている。

里ニ在ル駒形社ノ多クハ明白ニ馬ノ保護神ナリ。武州中尾ノ駒形社ノ三個ノ白馬像ノ例ノ如ク、駒形神ノ本地仏トシテ馬頭観音ヲ説ク者多シ。東京浅草ノ駒形堂モ本尊ハ亦《また》馬頭観音ナリ。（中略）馬頭観音ハ日本ノ田舎ヲ見タル人々ノ何レモ由来ヲ知ランコトヲ欲スル一ノ奇現象ナリ。誤レリヤ否ヤハ知ラザルモ自分ハ之ヲ斯ク解釈ス。今日道傍ニ立ツ馬頭観音ハ簡略ニ文字ヲ刻ミタル石碑多ケレドモ、以前ハ専《もっぱ》ラ馬ノ頭ヲシタル石像又ハ木ノ柱ナリシヲ、道祖神《サヘノカミ》ヲ地蔵ニシテ了ヒシト同一ノ筆法ニテ、仏教ノ方ノ人々ガ辛苦シテ珍シキ経典ノ中ヨリ馬頭観音ノ名ヲ見出シ、早速其名ヲ採用セシモノナルベシ。

とのべて、この石像の流行は路傍で馬の斃死《へいし》したのを供養したためであるとする。

日本ノ馬頭観音ニハサル思想モ無ケレバ、此ノ如キ大流行ヲ促スベキ動機ニ乏シ。今日ノ路傍ノ馬頭観音ハ大抵馬ガ其場処ニ斃レシヲ供養スル為ニ立テタリト云フモ、而《しか》モ其石ノ前ニ線香ヲ焚《た》キ花ヲ供フルコト絶エザルハ、今後往来ノ馬ニ同ジ災ノ無キコトヲ祈ルナリト云ヘリ。

これは馬頭観音が牛馬供養と牛馬安全のためにまつられることをのべているが、馬頭観音と馬鳴菩薩《めみようぼさつ》がともに養蚕守護の仏とされていたことまでは言及しなかった。そして馬頭観音の像容がどうして出来たかも述べていない。この像容の中には一面二臂《にひ》のものがあることは、私が信州の東筑摩郡山形村中大池の路傍で見たものがあり、これは女神像で頭上に馬の頭をのせている。その光背を背面から見れば男根形であるのは、道祖神との習合であろうと前に述べたが、これも養蚕の豊作をいのるためのもので、女神であるのは「蚕玉神《こだまがみ》」に馬の頭をのせて、馬頭観音化しようとしたことがしめされている。

われわれの身辺から馬が急速に減少したのは、運搬手段としての馬がトラックに代えられたことによるが、馬はいろいろの点で人間にもっとも身近な動物であった。したがって駒形岳や白馬岳の伝承がしめすように、雪の融《と》け具合で山に馬の形があらわれるのが、農耕の合図でもあり、山の神は田に降りて稲作を守ると信じられた。したがって山神はまた養蚕を守る神ともなって、その乗物としての馬もまた養蚕の神となり、これを馬頭観音としたために、養蚕地帯にはとくに馬頭観音の造立が多かったものとかんがえられるのである。

三　馬頭観音と養蚕の関係

馬頭観音を養蚕の神とする信仰は案外ひろくおこなわれていたのに、養蚕が昔ほどおこなわれなくなると、ほとんどわすれられてしまった。そして何のためにこの馬頭観音の石塔が立っているのかと、疑問をもつ人すらなくなったようである。しかしすくなくとも江戸時代の農民にとって、馬と蚕ほど生活に密着した動物、生物はいなかった。犬や猫はいなくても生活できるが、馬と蚕は生活の根源であった。

そのためかどうかまだはっきりしないが、馬頭観音は馬と蚕を一身に荷って、これを守護する神または仏として、石像、石塔化されたのである。しかしこの信仰の背後には、盲目の吟遊詩人がおったことはたしかである。すなわちオシラ祭文を、イラタカ数珠をすり合わせる音を伴奏にして語るイタコである。おそらく盲目の女性の前は男性、あるいは山伏だったかとおもう。そして日本を半分にすれば、東半分に多かったことはたしかで、その一派はいま津軽か下北の北辺に、気息奄々《えんえん》としてのこっている。いまイタコといえば下北の恐山《おそれざん》と津軽の川倉地蔵堂で、死者の口寄《くちよ》せをするものとおもわれているが、すこし前までは旧家からたのまれれば、その家の神であるオシラサマを、祭文《さいもん》をとなえながら遊ばせ（舞わせ）、「オセンダク」と称して毎年新しい布をオシラサマに着重ねる儀礼をした。どうしてオセンダクというのか誰も解釈できないけれども、おそらくオシラサマを遊ばせた後では、イタコは神憑《かみがか》りになって、お託宣《たくせん》をしたことは間違いないから、オタクセンがオセンタクと訛《なま》り、東北特有の濁音になったと、私はかんがえている。

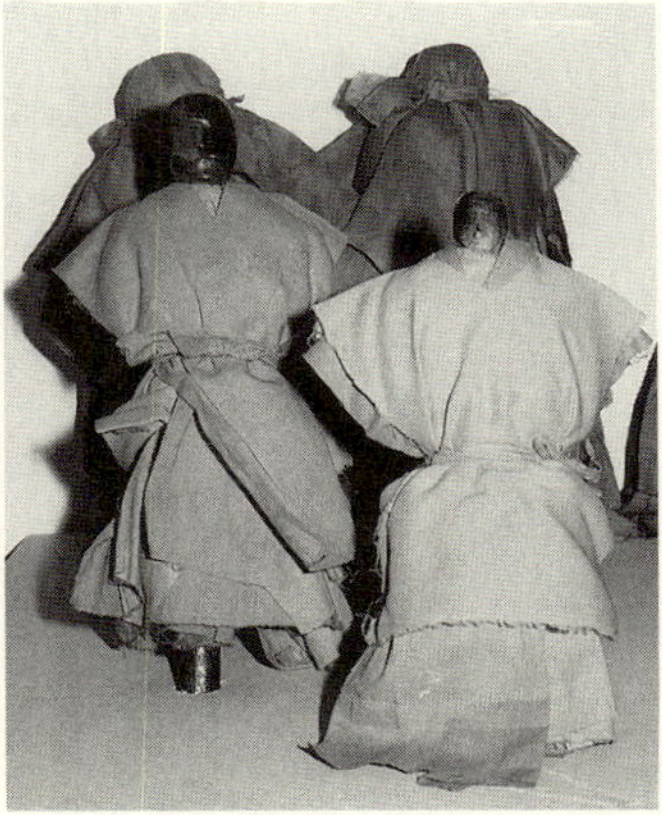

「オセンダク」を着衣したオシラサマ

このイタコのオシラ祭文が先んじ、馬と蚕の結びつきができ、馬頭観音の信仰が生まれたのか、馬と蚕の関係がオシラ祭文を生んだのかはまだわからない。この祭文は長者の娘が飼っていた名馬と恋に落ち、これを怒った長者が名馬を殺してその皮を乾かしておくと、一陣の風がおこってその馬の皮は娘を抱いて天へのぼった悲恋をかたる。そのあとに白い虫がわいて蚕になったというのである。この不思議なロマンスは中国にもあって、『捜神記』や『神女伝』『太古蚕馬記』が原本だという説もあるが、馬と人間の女との異類婚姻談は、世界中にわりあいに多い。

私は短期間パリ大学で宗教民俗学の講義をたのまれてパリに滞在中、日本文学の主任教授のベルナール・フランク氏の自宅を訪問したことがあった。凱旋門《がいせんもん》の北の閑静な郊外住宅であったが、応接間に入ると、神秘的なブルーを基調にした一枚の幻想的日本画がかけてある。馬が女を乗せて天空を疾駆する絵であった。フランク教授の奥さんは日本女性で、画家であったので、自分の描いた絵であるという。フランク教授は昭和五十八年に、日本学士院の会員に選ばれたので、天皇陛下に拝謁のために夫人同伴で来日して、しばらくぶりに会った。このとき、私は夫人がオシラ祭文の物語を知っていて、それをテーマに描いたのではないかと聞いてみたら、そんな話はまったく知らなかったという。夫人は和歌山出身なのでオシラ祭文地帯でないから無理もないが、これは日本で生活しているあいだに聞いた話が無意識下にあって、このような絵になったようにおもえるのである。

一般にオシラ祭文は東北地方のイタコにだけ語られるようにおもわれているが、私の採集では美濃《みの》の郡上《ぐじょう》郡あたりでも、昔話として聞かれた。長良川の上流が山峡となった美並《みなみ》村の老人夫婦の記憶で、名馬と娘の恋から蚕が生まれた昔話であった。このことから私はオシラ神信仰というのは、シラヤマ（白山）の神ではなかったかという仮説を立てている。白山はすくなくとも平安時代にはシラヤマで、立山はタチヤマであった。白山修験は近畿の大峯修験、東北の羽黒修験と拮抗《きっこう》する大修験集団で、越後の能生《のう》に別宮をもって、平安時代には東北地方にも勢力をのばしていた。祭文を語るイタコも、今は羽黒修験の影響をうけた修行をするけれども、もとは白山の巫女《みこ》として白山の縁起を語った可能性がある。すなわち八百比丘尼《はっぴゃくびくに》は白比丘尼《しらびくに》ともよばれたが、これは白山比丘尼《しらやまびくに》であり、盲目の尼御前《あまごぜ》から瞽女《ごぜ》となり、一方では巫女の別名、イチ、イチコの名をのこしたイタコになったとかんがえられる。

ともあれイタコのオシラ祭文は馬と娘の異類婚姻ばかりでなく、清水観音の御利生《ごりしょう》と法華経の功徳を説くという伏線をもっている。すなわち女性である山神（白山の主神は白山妙理権現《はくさんみょうり》であるが、別名は菊理媛《くくりひめ》という女神である）は、馬に乗って、山と里を去来し、養蚕のめぐみをあたえるという山神の縁起を、姫は清水観音の利生で生まれ、名馬は法華経の功徳で名馬となったとして、イタコ祭文につくりあげたものである。したがってもとは白山山麓の養蚕地帯でも語られたはずで、美並村にのこったのは偶然とはいえない。そうするとこの祭文の縁起は昔話化して、もっとひろく分布していたであろう。

このような馬と蚕の関係が観音信仰に結びつくと馬頭観音になるが、この観音は六観音の一とされるようになり、観音信仰が主体となって蚕との関係は一般にはわすれられた。そしてこの観音は馬が飽くことなく草をむさぼり啖《くら》うように、大勇猛心をもって煩悩を食い尽くす仏とされ、そのことから禍《わざわい》を食い尽くす厄除《やくよけ》の仏として信仰されることになった。しかし東北や信州地方では最近まで依然として、養蚕の神として建塔建碑がなされてきたのは、やはりオシラ祭文の影響がのこって、蚕を与えた名馬のイメージをこの石像に見出していたのであろう。

四　馬頭観音の図像

馬頭観音の分布のすくない西日本では、しばしば馬鳴菩薩《めみょうぼさつ》が養蚕の神になっている。これは馬頭観音のように石像化されることなく、木彫の馬鳴菩薩像を馬鳴堂にまつっているが、騎馬像である。馬鳴菩薩は仏滅後六百歳にあらわれた大論師で、『大乗起信論』や『仏所行讃《ぶつしょぎょうさん》』（仏伝文学）の著者とされるにもかかわらず、伝記不詳の不思議な人物である。したがって中天竺《てんじく》に七人の馬鳴があったなどともいうので、養蚕とはまったく関係がない。しかし鎌倉中期成立の『阿娑縛抄《あさばしよう》』ではすでに「蚕虫を化生せり」と書かれているのだから、はやくから養蚕の神となったことがわかり、馬頭観音と養蚕の関係はもっと早かったろうとおもう。

日本での馬頭観音は平安時代の作例が太宰府観世音寺にのこるけれども遺品はそれほど多くない。おそらく民間信仰化していたためであろう。近世になると放浪彫刻僧・円空が有名な名古屋市郊外の志段味《しだみ》の龍泉寺に馬頭観音像をのこすし、木喰《もくじき》行道《ぎようどう》も各地の三十三観音像の中に、丹後《たんご》松尾寺本尊のような三面の馬頭観音像を作っている。これらの遊行者の彫像は専門仏師の作とちがって、一木彫であるために石仏とおなじ重量感をもっている。やはり石造馬頭観音の影響をうけているといってよいであろう。

この像はつねに頭に馬の頭がのっているのが特色で、他の部分は破損していても、馬頭さえあれば馬頭観音とわかる。すでにオシラ祭文でのべたように、蚕神の馬は神の乗物であったのが、インドでは馬の方が乗るようになったのは、もと馬そのものを神格化したことによるのであろう。そのような図は『覚禅抄』に出ていて、『不空羂《ふくうけん》索経《じやく》』(九)によるものだという。

不空羂索経《ノ》九《ニ》云《フ》　馬頭　○左手執《ル》二鉞斧《ヲ》一。右手持《ツ》二蓮花茎葉《ヲ》一。半跏趺坐云々

馬頭観音はこの形から出発して多面多臂《たひ》に向かうとともに、馬頭が小さくなり、やがて消えてしまって忿怒《ふんぬ》形だけがのこったものとおもう。その第二段階の図像を『覚禅抄』があげており、これは『陀羅尼集経《だらにじっきょう》』㈥によるものだという。その馬頭観音法によると、馬頭観音の出典について、

大日経疏五《ニ》云《フ》、如《ク》三転輪王《ノ》宝馬《ノ》巡《リ》二履《ム》四州《ヲ》一。於《テ》二一切時一切処《ニ》一。其心不レ息《ヤスマ》。菩薩《ノ》大精進力亦《モ》如《シ》レ是《ノ》。於《テ》二生死重障《ノ》中《ニ》一、不レ顧《ミ》二身命《ヲ》一、多《ク》摧伏《スト》者、為《ノ》二白浄大悲心《ノ》一故《ニ》、以《テ》二白蓮《ヲ》一厳《カザル》二其身《ヲ》一也。

とのべて、右手に大刀を持ち、左手に白蓮華《びゃくれんげ》を持ち、馬頭を頭にのせて立つ姿に描く。

馬頭観音の第三の段階は『覚禅抄』によれば『授記経』の図様である。

授記経《ニ》云《フ》、画《ク》二四臂馬頭菩薩《ヲ》一、二手《ハ》結《ブ》二根本印《ヲ》一。右手持《チ》レ斧《ヲ》、左手執《ル》二蓮花《ヲ》一、丁字《ニシテ》而

馬頭観音図像

第一図

第二図

第三図

第四図

第五図

第六図

立《ツ》、作《ナス》二忿怒相《ト》一云々

とある。そして頭上に半身の馬をのせる。次に第四段階も、『陀羅尼集経』㈥によるもので、めずらしく四面二臂像である。このように多くの密教図像は普通の人間の一面二臂から多面多臂へ発展してゆくもので、それは注意ぶかく見れば発展を跡づけることができるものである。多くの密教図像集や図像解説書は、あれもある、これもあると並べているので混乱するけれども、その発展の跡は必然的に整理することができるのである。それでこの四面像は、

同経《ニ》云《フ》、画《ク》二馬頭観音《ヲ》一　○身高《ハ》如来《ノ》一㮈肘人《ノ》一、作《ル》二四箇《ノ》歓喜面《ヲ》一。左《ノ》一面《ハ》黒色、眼《ハ》青《ク》牙《ハ》上《ニ》出《ヅ》。右《ノ》一面《ハ》作《ル》二赤色《ニ》一、名《ヅク》二呪面《ト》一。当《リ》二中前面《ニ》一、作《ル》二菩薩面《ヲ》一令《ム》二端正白色《ナラ》一。頂上《ノ》空中《ニ》画《ク》レ面《ヲ》、口《ヨリ》吐《ク》二宝珠《ヲ》一。四頭戴《キ》二宝冠《ヲ》一、冠《ノ》上《ニ》化仏坐《ス》。左手《ニ》把《リ》二蓮華《ヲ》一右臂《ヲ》下《ゲテ》五指《ヲ》申《ノバス》二施無畏《ニ》一　○立《チテ》在《リ》二宝蓮花《ノ》上《ニ》一云々

とあるのを見れば、四面にはそれぞれ異なった誓願があることがわかる。それは黒色、赤色（呪面《じゆめん》）、白色などによって象徴されるのであるがその説明はない。そして

頂上面か焔髪の忿怒面で、胸に馬頭を置くのは、第一、第二、第三の馬頭観音の頭にのせていた馬が、仏像にかわりかけたのである。

第五の段階の馬頭観音は三面八臂《はっぴ》で、多くの石像の原本になったものであるが、『覚禅抄』はその出典を出していない。三面はいずれも忿怒面で宝冠を戴いており、頂上に馬頭をのせるところが、石像とおなじである。八臂の持物は第一手が斧《おの》（右）と大刀（左）、第二手は合掌（根本印）、第三手は数珠（右）と蓮花（左）、第四手は施無畏印《せむいいん》（右）と宝瓶《ほうびょう》（左）である。そして牛に騎《の》り、二童子を脇侍とする。頂上の馬頭は長い鬣《たてがみ》を振り立てた形であるが、木喰行道が郷里丸畑で民家にのこした老婆面の馬頭観音の長い鬣は、この図様が手本であったかもしれない。第六の様式の図像も『陀羅尼集経』㈥から出ているようであるが、かならずしも経文に合わない。ただこの像は第三手の左右が馬頭印を結んでいることが特色で、第一手は宝剣（右）と宝棒（左）、第二手は斧と輪宝、第四手は施無畏印と数珠（または索）で、牛に騎っている。その牛の台座は磐座《いわくら》で脇侍はない。

この第五と第六の様式が、おそらく修験山伏を通して普及したのが、石像型の馬頭観音碑であったとおもう。『覚禅抄』は馬頭観音法の中に「表白」をのせて、馬頭観音の厄除け信仰をのべているが、民間信仰としてはむしろ牛馬安全であり、養蚕繁昌であったことは、日本密教を見る上で重要なことだとおもう。

表白

今此馬頭尊者《ハ》、蓮花部之明王《ニシテ》、観世音之変作也。内《ハ》窮《メ》二実相《ノ》悟《ヲ》一、噉食《ス》二妄相戯論《ヲ》一。外《ハ》現《ハシ》二忿怒形《ヲ》一、摧下破《ス》作《ス》二障難《ヲ》一者《ヲ》上。首《ノ》上《ニ》戴《キ》二白馬《ヲ》一、表《ス》レ滅《スヲ》二衆生悪業《ヲ》一。身色《ハ》類《シ》二日輪《ニ》一、顕《ス》レ除《クヲ》二行者之惑暗《ヲ》一。利益掲焉《ニシテ》、払《フ》二天《ニ》魔《ヲ》於四十里之外《ニ》一。本願甚《ダ》深《ク》、分《ツ》二身形《ヲ》十方刹之内《ニ》一。凡《ソ》厥《ノ》種々《ノ》災難《ヲ》、一々除滅《スル》　者也

とあるのは密教作法の表白に共通した功徳ということができよう。

第八章　石造如意輪観音と女人講

一　如意輪観音石仏と間引

信州から東の関東、東北に多い路傍の石仏としては石造如意輪観音座像がある。墓地の入口や寺の境内、庚申《こうしん》塔や馬頭観音石塔のある路傍や辻に、棄てられたようにころがっているのがこの石仏である。私は北関東の生まれなので、この石仏を見る機会が多かったが、その印象はまことに暗い。船形光背を背負った浮彫像とともに、光背のない丸彫像もあって、どこかが欠けているものが多いのは、いよいよこの像の印象を暗くした。あまり陽《ひ》のあたらない雑木林の森蔭の二股道などに、傾いたままなかば土に埋もれた像などは、鬼気せまる思いがしたものである。おそらくそのような石像は宅地開発の波にさらわれて、今はどこかの墓地の片隅に積み上げられているのではなかろうか。

この像の暗い印象というのは、実は間引《まびき》された子供の供養のために建てられたという風評が一役買っている。この石像は二臂《にひ》の思惟《しゆい》像で、右手を頬《ほお》にあてて臂《かいな》を右足の立膝《たてひざ》の上においている。そして左手に赤子を抱いていることがある。赤子を抱いていないものも多いが、やはり子供の願があるときは赤子を抱かせる。しかしそれは子供がほしいからか、子供の成長をねがうのか、あるいは死児の供養なのか、そこがはっきりしないのである。

その意味ではこの像は謎の石仏といってよいであろうが、そのために石仏研究家もこれを敬遠している。もちろんそれにはあまり美しい像がないということにもよるであろう。しかし路傍の石仏、いわゆる「野の仏」は美のために造立されたものではないし、拝む人も見る人も美の鑑賞をしているのではない。それは庶民の心の表現、とくに過ぎた時代の庶民の嘆きの表現として、これに共感するのが「石の宗教」というものである。石仏研究も宗教民俗学の立場をもたなければ、単なる遊び、それもカメラいじりのお遊びになってしまう。したがって美しい石仏、なにか変わったところのある石仏でないと、興味を引かない。その上石造如意輪像はあまりに謎が多いから、敬遠されるのである。

秩父三十四ヵ所の観音霊場にもこの石仏は多い。その上ここには有名な「間引」を

如意輪観音石仏（左から二番目、長野県開田村）

いましめる絵馬がある。それで如意輪観音は江戸の奥女中の間引供養像であろうといわれた。しかしこの石仏については、具体的文献もたしかな伝承もまったくないのである。そうすると、そのこと自体がこの石仏のミステリーを解く鍵になるのではなかろうか。

現代では何でもあけすけに語られる。言論の自由で足りなくて、表現の自由まである時代である。したがって水子供養は完全に開放的であり、新聞のチラシから雑誌の広告にまでなっている。なにか水子を生まなければ時代に後《おく》れるといったようなムードである。お寺の方も商売熱心で、水子を奨励しているようなところもある。しかし江戸時代には間引は刑法上の罪ではなくとも、「世間体《ていい》」というものがあって明らさまにはできなかった。お寺の方も不殺生の教えや慈悲の心をもとにして、これを誡《いま》しめるという教化をしている。それは貧困の民の生きるためのギリギリの罪業であったが、これを公に語ることはできなかった。

如意輪観音石仏に伝承がまったくないということは、このような隠微な罪業に関係があったためではないかという想像は、是認できるとおもう。それは奥女中というような階級でなく、その日暮らしの農民や職人の妻女の罪業であり、そのためにこそ、凶作が多く生産性の低い東国に、如意輪観音石仏が多い理由になる。

江戸時代の女性史も、底辺の女性の婚姻や結婚生活はあきらかにしていない。武家社会や商人階級の女性史では、女性史とはいえない。口べらしといって子守、女中に十歳前後で出されたのは、つい明治・大正までで、それをテレビドラマにすると、今更のように全国民がびっくりする。江戸時代の東国にはどの村にも何百人もの「おしん」が生きていたのである。したがって間引は貧困女性の一種の自己防衛であったし、間引かれなければならぬ胎児も多数生まれたわけである。

如意輪観音石仏が、かならず人の目につきにくいところに、隠れるようにまつられている理由は、その背景に隠さなければならぬ貧困女性の生活があったといわなければならない。私どもがその石仏から受ける暗い印象もそこからきているのであった。そうおもうと、あの石像からは間引かれた胎児のあの世からの泣声と、間引いた女性の慟哭《どうこく》が聞こえてくるような気がする。石仏の置かれたまわりの黒土に、蟻地獄《ありじごく》の穴がよくあるのも不気味である。

如意輪観音石仏には、多く女人講中が建てた銘がある。貧困女性たちはその悩みを女性だけの女人講でかたり、心の痛みをこの石仏に託したのであろうとおもう。その講世話人は宗門改めなどする村の菩提寺《ぼだいじ》の住職ではなくて、放浪してきて村の観音堂や地蔵堂に住み込んだ道心者か六十六部であったろう。このような聖《ひじり》は女人講の相談をうけると如意輪観音の造立をすすめて、石工にも依頼してくれたとおもうが、この像容はきわめて古い伝統と歴史をもったものと、私はかんがえている。

二　如意輪観音石仏と弥勒思惟像

私が最近関東へ旅行した学生からもらった写真には、栃木県黒羽《くろばね》町で撮った如意輪観音石仏があって、船形光背の銘には、

道寂観禅和尚
元禄十五壬午歳（一七〇二）

二月念六日

とあるから、これは寺の和尚の供養塔であるが、子供を抱いていない。ところが同所の弘化三年（一八四六）の如意輪観音は子供を抱いており、願主は匿名である。

弘化三丙午年　八月吉日

願主　敬白

とあって、元禄と弘化のあいだに造立の趣意が変わったことをおもわせる。

また那須高原温泉神社境内には、六臂《ろっぴ》の馬頭観音石塔二基とともに、宝暦十二年（一七六二）の子供を抱いた如意輪観音の石仏があった。

宝暦十二壬午天六月十九日

十　九　夜　供　養

女人講中

と銘があり、この如意輪観音は宝髻《ほうけい》の中に、五輪塔の火・風・空輪が表現されている。この像の抱いた子供は袈裟《けさ》の中にかくれて見えないくらいに控え目に表現されており、「十九夜供養」とともにこの五輪塔が注意されるのである。

元来、仏教図像の上からいえば、如意輪観音といわれるものは六臂の座像で、右手を頬にあてた「思惟形」をとっている。密教の『現図胎蔵曼荼羅《まんだら》』『阿娑縛抄《あさばしょう》』『図像抄』『観自在菩薩如意輪瑜伽《ゆが》』等はみなこれで、河内観心寺には有名な平安初期の木造彩色の六臂如意輪観音像がある。そのほか京都醍醐《だいご》寺や大和室生寺にもあるので、如意輪といえば普通これを指す。儀軌《ぎき》の手は右第一手が思惟形で第二手が宝珠、第三手が数珠であり、左第一手は光明山を指の上に捧げ、第二手は持蓮華、第三手は契輪を持ったまま地について身をもたせている。野の仏の石造如意輪観音を如意輪とするのは、第一の条件として右手が思惟形であるためで、これは六臂如意輪にはあるが二臂如意輪にはないことである。

二臂如意輪観音は多く立像で、右手は胸の前で如意宝珠を持ち、左手に持つ宝蓮の上にも三弁宝珠をのせていて、野の仏の如意輪観音とは似ても似つかない。西国三十三観音霊場には六ヵ所に如意輪観音があるが、二十七番書写山円教寺をのぞいては二臂であるが、七番岡寺《おかでら》だけが金銅二臂如意輪観音半跏像（像高五〇センチ）を四・八五メートルの本尊塑像《そぞう》二臂如意輪観音の胎内仏としてきた。現在は奈良国立博物館に出陳（編集部注　二〇〇七年現在、京都国立博物館に寄託）されているが、どう見ても白鳳時代の弥勒思惟像である。すなわち野の仏の如意輪観音石像は、実は弥勒思惟像であったということになる。

岡寺の胎内如意輪金銅仏には私の知る図像専門家も疑問を表明していたのであるが、私は庶民信仰と弥勒信仰の関係から、これを断定的に弥勒思惟像としてきた。長谷寺の徳道上人は西国巡礼の創始者と信じられ、平安時代には長谷寺が西国巡礼の一番であった。徳道上人の墓のある法規院《ほうきいん》（初瀬町）は法起菩薩《ほうきぼさつ》を本尊としたが、これも弥勒菩薩の異名なのである。古代山岳信仰では弥勒信仰が中心をなしていたことは、いま詳しく説くスペースがない。しかしこの伝統は修験道から放浪の聖《ひじり》たちの如意輪信仰に変化して、江戸時代に供養仏としてさかんに造立されるようになった。供養仏としては阿弥陀、地蔵、観音も中世以来あるが、山岳宗教系統に如意輪と称する弥勒思惟像がもちいられ、やがて間引供養仏として普及するようになったというのが、如意輪観音石仏の謎に対する私の解答である。なお二臂思惟菩薩像を弥勒とする根拠は、河内野中寺像の銘に、

丙寅年（天智天皇五年）四月大旧八日癸卯開記《ス》。橘寺之等《ともがら》、詣《デテ》中宮天皇大御身労《いたはり》坐《ます》之時誓願之《シ》奉《たてまつル》弥勒御像也。（下略）

とあることにあり、日本最初に渡来の石仏も弥勒仏像であった。古代仏教に強かった弥勒信仰は山岳宗教を通して中世、近世まで引き継がれた。さきの那須温泉神社の宝暦十二年の十九夜供養、如意輪観音石仏が、頭に五輪塔をのせているのは、弥勒の三《さん》昧《ま》耶形《やぎょう》である五輪塔が、如意輪観音になってものこったのである。

次にこの石仏を造立した女人講についてかんがえてみよう。庚申講が男子の講であったのに対して観音講は主として女人講であった。念仏講もその発生の二十五三昧講では男子を主体としていたが、のちに女子も参加し、地蔵講も男女共同講であった。しかし観音講は子安講とよばれることが多く、観音の慈悲によって子供の成長と息災を願ったのである。しかし女人講は寺の観音の縁日が十八日であるのに遠慮して、十九日にひそかに観音講をいとなんだので、十九夜講といわれ、罪業深き女人の身を懺《ざん》悔《げ》するための十九夜念仏をおこなっていた。まことにいじらしいことで、近代女性にはかんがえられない。したがって昔はいたるところにあった女人の十九夜講もいまは如意輪観音の銘にのこる程度になった。かつて私も参加した『民間念仏信仰の研究』

（佛教大学民間念仏研究会編、一九六六年）では、長野県南佐久郡臼田町常和の十九夜念仏と千葉県山武郡成東町木戸の十九夜念仏が採取された。後者では今も中老年の女子ばかりでおこなわれ、太鼓で調子をとりながら唱えるので、融通念仏の変化したものである。前者も女人の講として三月十九日と葬式のときに念仏を唱え、また安産祈願のためにも唱えるという。いずれもかつての十九夜の意味は忘れているが、江戸時代の俗語で十九日とか十九文というのは、馬鹿とか安物とかつまらぬ者という意味であった。これは二十に足らぬということではなくて、十九夜講の女人講を蔑視したことから出たものとおもわれるが、女人自らもまた女人は罪業深きつまらぬ者という自覚をもっていた。その自覚は間引の罪業感が大きな比重を占めていたので、如意輪観音石仏を造立して安心を得るとともに、死児の供養をとげたものとおもわれる。

第九章　地蔵石仏の諸信仰

一　賽の河原の石地蔵尊

新聞広告に水子供養の地蔵尊建立のすすめが出ていた。広告主の寺では二万円乃至五万円送金すれば、高さ二〇センチの地蔵尊を永代供養堂に安置し、また依頼者へは地蔵尊の画像と合金製の地蔵尊を送付するという趣旨である。

ちかごろは到るところに水子地蔵ができて、水子は大もてなのに、一般の死者の供養はどうなっているのだろうかと、その方が心配になる。しかしそれも札所の寺や霊場寺院の水子地蔵で、通信販売形式の全国紙広告には私もはじめてお目にかかった。これはあまりにも水子をもてあそびすぎた行き過ぎとしか言いようがないが、水子供養のような民間信仰（民俗信仰）は石の地蔵尊で表現されるのが普通である。地蔵であれば、木彫でも合金鋳型製でも塑像《そぞう》でもよいではないかというわけにはゆかない。

そこに民俗信仰の「石の宗教」があるわけである。

すでにのべたように、江戸時代の水子供養は石造如意輪観音を造立した。しかもそれは女人講によってヒッソリとおこなわれていたのである。このような伝統の存在を最近流行の水子供養寺は知らないのであろうとおもう。供養ならば何でも地蔵ですむとおもわせるのも、地蔵信仰の民俗性というものであろうが、江戸時代の女性は水子を生まねばならぬ悲しみを、あの物悲しく思い沈んだ如意輪観音でなければ、表現できなかったにちがいない。

もちろん水子供養に地蔵尊がえらばれたのは、賽《さい》の河原の地蔵尊とその和讃が連想されるからであろう。この地蔵と子供の関係も、仏説や地蔵経典によるものでなく、わが国の民俗信仰から出たものである。そのことはのちにくわしく述べようとおもうが、それだけにこの地蔵は石仏でなければならないのである。もちろん『今昔物語集』(巻十七)の地蔵説話では、ほとんどすべて地蔵菩薩の化身としてあらわれるのは「端正ナル小僧」や少童である。しかしそのために地蔵は子供の救済者になるのではなくて、民俗信仰の地蔵の原像は祖霊であるから、子孫の象徴である子供を愛し守護するという発想になる。そして地蔵を子供として表現するのは、仏菩薩の中で唯一の比丘《びく》形で円頂の姿のために、説話や絵巻の中で、沙弥《しゃみ》や小僧、子供の形をとるようになったものと推定される。『今昔物語集』で童形の地蔵を地蔵丸とよんだり、沙弥形の地蔵を地蔵小院《こいん》（小院は沙弥のこと）とよんだりしたのは、そのためである。

死者のために小形の石地蔵を造立するので有名なのは佐渡の島である。そのために石地蔵専門の石屋さんもおり、観光客もこれを土産に買って帰ったりする。この信仰のもとは佐渡外海府《そとかいふ》の北端にちかい願《ねげ》の地蔵洞への石地蔵奉納にあったであろうとおもう。ここはよく地蔵堂といわれるけれども、堂はなくて海岸の大きな洞窟に多数の石地蔵が立っており、これに積石や死者（ことに子供）の帽子や涎掛《よだれか》けや靴などの遺品で、足の踏場もないほどになっている。願の淋しい集落から一キロ余りの海浜の道を歩いて、この洞窟の入口に立つと、打ち寄せる潮騒の波音の中に、死者の慟哭《どうこく》の声を聞く想いがして、鬼気迫るものがある。

この洞窟はその位置や形状から見て、私は琉球の沖縄や八重山の海岸洞窟のように、海辺風葬洞窟の名残りとかんがえているが、このような洞窟に奉納積石したのが賽の河原になったのである。賽の河原は仏説にも地蔵経典にもないもので、日本人が墓地のような死者の世界と、人間の住む娑婆《しゃば》世界との境界に、霊魂の往来を塞《さえぎ》るための積石をした場所である。したがってもとは「塞《さえ》の河原」であったろうとおもう。この河原も古くはゴウラ（強羅）とよんだかも知れず、地名としては石のごろごろした荒涼たる原をゴウラという。

このような霊魂の往来を塞るための積石の代わりに、石棒を立てることもあって、石棒が男根形（コケシ形）の石棒となり、これが道祖神の起源であることはすでに述べた。男根形の道祖神は明治維新の「淫祠《いんし》邪教の禁」で大部分撤去されたので、男神女神抱擁像の道祖神や文字碑だけが残ったにすぎない。ところが男根形の道祖神は、顔や袈裟衣《けさころも》を彫刻すれば、そのまま石地蔵になってしまう。石地蔵というものは、けっして図像や仏画や木彫の地蔵菩薩を石像化したものでなく、もともと石の宗教性から地蔵が造型されたものであることを、私は主張するのである。

このようにかんがえると、死者のために造立したり、水子供養に建てられる地蔵が、石仏でなければならないことがあきらかになるであろう。したがって石仏を研究したり鑑賞したりする人が、図像にこだわるのはおかしいことに気付くであろうとおもう。そしてその石仏の表情を「野の仏」として、感情移入で主観的な批評をするのだけれども、石という素材はリアルな細部まで表現することができないので、かえって象徴的でロマンティックになる。たとえばちょっとした眼の窪《くぼ》みや唇の突起なども、なにか意味ありげにみえて、縹渺《ひょうびょう》たる情調がただようことになる。すなわち石は本来われわれ日本人には宗教性をもったものであるが、その造型の象徴性によって、ますます神秘的な芸術になったとおもわれる。

二　水掛け地蔵と六地蔵

死者供養のための地蔵尊としては、高野山奥之院の玉川畔に「水掛け地蔵」があるが、これは青銅仏である。誰が何をかんがえて青銅仏にしたのか知らないけれども、あれが石仏であれば、奥之院の景観はもっと神秘的になったであろう。この「水掛け地蔵」は「水向け地蔵」ともよばれて、死者の供養に水を手向ける意味に解されている。これは墓参りのときに墓石に水を掛けるのとおなじであるが、水を手向けることを死者に水を呑ますものと理解すれば誤解になる。この水掛け、または水の手向けは、死者の生前の罪穢《つみけが》れをきよめるためのものである。そうすることによって、生前の罪のために死後の世界で苦しんでいる死者の魂を、救済することができると信じられていた。こうして浄化された霊魂の行く世界が「浄土」である。それは「極楽」という功利的な世界よりも日本人に受け容れられやすかった。庶民信仰の死後観や浄土観は、浄土宗や浄土真宗の説くところとまったくといってよいほど異なったものである。したがってお寺では極楽浄土は十万億土の彼方にあると教えられるのに、信者やりする。檀徒は死者の霊を高野山に送ったり、善光寺へ送ったり、京都の東山の霊園に送ったりする。

石の宗教はこのような庶民信仰の世界をあらわすので、お寺の教えと矛盾するのは当然である。その庶民信仰のために石地蔵尊は何十万、何百万体と造られてきたし、今後も造られてゆくであろう。ちかごろ『日本の石仏』という写真集も出ているが、何十万、何百万の石仏の中からどのような基準で写真を採録しているのかわからない。おそらく主観的に美しいとか年号があるとか、ちょっと変わっているとかで選んだのであろう。しかし石仏や石地蔵はなんらかの庶民信仰によって造立されたものなので、その信仰内容の表現や解説がもっとももほしいところである。

そうすると死者供養のために立てられた石地蔵ももちろん多いけれども、とくに非業の死者の供養に立てられたものは、もっと多いことがわかる。現在でも石地蔵尊の建立は交通事故死者のために、道路脇や線路横であることが多く、洪水などの多数死者の慰霊のためなどにも立てられる。実際には子供の死者のための石地蔵尊建立も、それが定命《じょうみょう》でない夭折死《ようせつし》だからなのである。このような死者の霊はかつては「御《ご》霊《りょう》」といっておそれられた。したがって御霊がこの世にもどってきて、おそろしい祟りをおこさないように塞るのも地蔵の役割であった。これはいうまでもなく道祖神

墓地入口の六地蔵（和歌山県橋本市）

（塞る神＝塞神《さえのかみ》）の役割を地蔵尊が引き継いだもので、その代表的なものが六地蔵である。

いま墓地の入口に六地蔵石仏の立っていないところはない。それは江戸時代のものもあれば、明治・大正・昭和のものもあるが、高野山奥之院には中世のものがある。

これらも墓地から荒《すさ》び出る荒魂《あらみたま》を塞るためにおかれた地蔵で、いわばガードマンである。したがって地蔵尊はやさしい慈悲の仏ばかりとはいえない。六地蔵の起源を説いた『源平盛衰記』（巻六）の「西光卒都婆事」には、西光法師が京都の七口《ななくち》の辻ごとに六地蔵を立てたといっているが、これは京都に悪霊や疫神を入らせないガードマンとしてであった。

七道ノ辻ゴトニ六体ノ地蔵菩薩ヲ造リ奉リ、卒都婆ノ上ニ道場ヲ構テ大悲（地蔵）ノ尊像ヲ居奉《スヱ》リ、廻リ地蔵ト名テ、七箇所ニ安置シテとあるのは、もとは卒都婆《そとば》一本を柱として、一本柱の上に六角形の仏龕《ぶつがん》をのせ、その一面ごとに一体ずつの石地蔵を入れたもので、地蔵は六方を監視することになる。この形の六地蔵は今は六面石幢《せきどう》とよばれているが、その起源は西光法師の六地蔵にあると私はかんがえている。したがって中世の六面石幢は多く墓地の入口に立てられていて、半肉彫の地蔵像はほとんど風化磨滅したものが多い。そのために中世末から近世に入ると、六体別々の地蔵を造立して、墓地の入口に一列にならべたり、三体ずつを道の左右に立てたりするようになったのであろう。

地蔵を六体としたのは、仏説に地蔵菩薩を「六道能化《ろくどうのうけ》」とすることから出たらしく、六道は地獄道、餓鬼道、畜生道、修羅道、人間道、天人道のことである。死後罪のある人間はその罪の軽重によってこの六つの苦の世界に生まれかわってくるが、そのいずれの世界からでも救い出してくれるというのである。この考え方はすでに平安時代にもあって、『今昔物語集』(巻十七第二十三話)には周防《すおう》一宮、玉祖大明神《たまのおや》の宮司、玉祖惟高《これたか》が死んで地獄に堕《お》ちたのを、六人の小僧が助けて蘇《よみがえ》らせてくれたという話になっている。この六人の小僧こそ六地蔵であろうといって、等身六地蔵菩薩を造立し、三間四面の六地蔵堂に安置したとある。この六地蔵はその持物によって『地蔵十輪経』から取ったことはわかるが、これが石地蔵でないことを見れば、墓地の入口に立つ民俗信仰の六地蔵と別物であることがはっきりするであろう。

地蔵石仏はまた京都などでは市中の辻々にまつられていて、小さな格子戸の祠《ほこら》に入れられ、毎朝お花と水と線香が上げられる。子供の夜泣きや病気のときには、ひそかにお参りする者もある。そして七月（今は八月）二十四日の地蔵盆には、盛大な祭があって、二十三日の晩から御詠歌や百万遍念仏や盆踊でにぎわうのである。ちかごろでは地蔵盆は地蔵菩薩と子供の関係から、子供を主役とする夏の夜の祭のようになってしまったけれども、本質的には辻々にまつられた道祖神（岐神《ふなとのかみ》）の祭であって道祖神の地蔵化にともなって、地蔵盆になったものである。この祭は平安時代には「御《ご》霊会《りょうえ》」とよばれたことはのちに述べたいが、地蔵盆の地蔵と辻々の地蔵は石仏でなければならないところに「石の宗教」の民俗信仰があらわれている。このような石地蔵は京都では道路工事をすればよく土中から掘り出されて、町内でまつったり、お寺の庭にはこんだりしたものである。それが多くなると、陰徳を積む信仰集団の「福田《ふくでん》会《かい》」がピラミッド形に積み上げるので、各地の寺にこれを見ることができる。地蔵盆になると新興住宅地や団地では、このような寺に石地蔵を借りにくる。木彫の地蔵菩薩像や金仏の地蔵では駄目で、石地蔵でなければならないところに、地蔵盆の本質があらわれている。

三　道祖神と石地蔵

地蔵石仏の祖型が石の道祖神であることは、その形態からばかりでなく、その宗教的機能からも知ることができる。京都の辻々の地蔵石仏の成立に先行して、岐神《ふなとのかみ》の御霊会が辻々でおこなわれたが、これは『本朝世紀』の天慶《てんぎよう》元年（九三八）九月二日の記事に見える。『扶桑《ふそう》略記』では天慶二年におなじ記事が「或記云」として出ているので、毎年おこなわれたらしい。

岐神というのは辻に立って、悪霊の入るのを防禦《ぼうぎよ》する「来るなの神」の意で、塞《さい》の神、道祖神とおなじである。すでにのべたように男根形の立石を立てたので、石神《いしがみ》とか石神《しやくじん》とよばれたのを、社宮司《しやぐじ》とか左久神《さぐじん》、お杓子《しやもじ》などと訛《なま》ったことが、柳田国男翁の『石神《いしがみ》問答』にも見えている。

その中に山中笑氏の手紙として、

甲斐中巨摩郡《かいなかこまぐん》下高砂村に傘《からかさ》地蔵と云ふありて、安産の守仏とて祈る者多く、且《かつ》此村には産のあやまち無レ之由。此地蔵尊の背に開き戸ありて本箱のふたの如く、内には一尺八寸の石棒蓮座にはめ込みありしを、一覧致せしことあり。これも陽形に見立てしが故と存じ候がの形、つぼめし傘の形故、かくは唱へ始めしことゝ存候。甲斐には沢山に新古の石棒御座候が、此等は道祖神として祀《まつ》られをり候。

とあって、道祖神（岐神）が石棒であり、石棒が地蔵に変化してゆくプロセスを示している。

道祖神（塞の神）が辻（岐）でまつられる理由は、四つ辻や三叉路《さんさろ》は「ゆき合い」の場として、悪霊の入口であるから、そこに道祖神（塞神）を立てておけば、病気、災難をおこす悪霊を防禦してくれる。ところが石棒の形から性神となり、縁結びや安産の神となり、また増産の神として福神ともなる。

『石神問答』ではシャグジ（石神）は稲荷《いなり》と併存する神で、三狐神《さんこじん》（稲荷）の訛《なまり》がサンコジ、サグジ、シャグジとなったらしいと推定しているが、これは名称としては正しくない。

三狐神の訛にて三狐神は即ち御食神《みけつかみ》なりと云ふ説は『和訓栞《わくんのしをり》』に見え候へ共、稲荷は常にシャグジと併存致居候。

ところでさきにのべたように岐神《ふなとのかみ》（道祖神）が、天慶元年には「御霊」としてまつられたのは何故であろうか。『本朝世紀』は次のように書いている。

近日、東西両京（左京右京）大小路衢ニ、木ヲ刻ミテ神ヲ作リ、相対シテ安置ス。（中略）或所ハ又女形ヲ作リ、大夫（男形）ト対シテ之ヲ立ツ。臍下腰底ニ陰陽ヲ刻ミ絵ク。几案ヲ其ノ前ニ搆ヘ（中略）或ハ幣帛ヲ捧ゲ、或ハ香花ヲ供ヘ、号シテ岐神《フナトノカミ》ト曰フ。又御霊ト称ス。未ダ何ノ祥ナルカヲ知ラズ。時人之ヲ奇トス。

これを見るとこのときの岐神は石でなくて木であって、男神女神像の腰に陰陽のシンボルをつけていた。これはおそらく陰陽道《おんみょう》の祭が入ってからで、日本固有の民俗では岐神は石棒であったのを、京都では陰陽道の祭を取り入れたので大流行を来したものと私は考えている。今も男女神像合体の祭は近江《おうみ》の山の神祭にのこっている。しかしここで岐神を「御霊」といったのが問題なのである。

御霊というのは一般に非業の死や怨死《おんし》のために、祟りやすい霊ということである。

しかし新盆の精霊のように、死んで間もない霊の荒魂《あらみたま》を指す場合もある。これらはしばしば疫病をはやらすと信じられたので、夏のはじめや土用、または秋のはじめに御霊会をおこなって、御霊を町や村に入らしめないばかりでなく、町や村の中の御霊も外へ追い出す祭をした。

信州などのトンドをともなう塞の神祭（三九郎祭）や、京都の祇園《ぎおん》御霊会や各地の天王祭（牛頭《ごず》天王祭）、天神祭なども御霊会、御霊祭である。天慶元年の御霊会が陰陽道の祭と私が推定するのは、陰陽道の祭には陰（女）と陽（男）の人形を立てることが多いことや、御幣《ごへい》を上げること、および辻でまつるのが陰陽道の道饗《みちあえ》の祭《まつり》だからである。

道饗祭は『延喜式』（神祇《じんぎ》令）には季夏（六月）と季冬（十二月）の祭とされ、卜《うら》部《べ》の祭るものになっていて、陰陽道の祭であった。

　季夏道饗祭。謂ク、卜部等京城ノ四隅ノ道上ニ於テ之ヲ祭ル。言ク鬼魅外ヨリ来ル者ヲシテ敢テ京師ニ入ラザラシメント欲ス。故ニ預メ道ニ迎ヘテ饗遏スル也。

とある祭で、陰陽道の四角四境祭を神道化したにすぎない。これが宮城の四角四隅ばかりでなく、京都市中の辻々の道祖神祭にまで及び、鬼魅《きみ》を御霊として饗遏《きょうあつ》（御馳走《ごちそう》して追い出すこと）する御霊会となったのである。したがって陰陽の神像人形そのものが御霊ではなくて、追わるべき鬼魅が御霊であり、陰陽の神像はこれを追いはらう神、すなわち塞の神、道祖神であったことがわかる。

この道祖神がいつの時代から地蔵石仏に変わったかは明らかでないが、いま辻々に見られるものには鎌倉末期から室町時代のものが少なくないから、鎌倉時代には完全に仏教化したものと言ってよい。しかし仏教化してもこの地蔵石仏は道祖神の機能を失ったわけでなく、町内から悪疫を攘《はら》う御霊祭が地蔵盆としておこなわれてきた。いまは地蔵盆でなくて盆の十六日の行事となって民俗化した「盆釜《ぼんがま》」（「盆竈《ぼにくど》」）、「盆飯」「門飯」「辻飯」「河原飯」「餓鬼飯」などとよばれる不思議な行事は、道饗祭の「饗遏」がのこったものと、私はかんがえている。

すべて御霊や荒魂、精霊というものは、季節の折目折目に人々の祭を享《う》けるために戻ってくる。これをもてなしもせずに追い返すと余計に大きな祟りをすると信じていた昔の人々は、「饗《あえ》」することによって防遏《ぼうあつ》したものである。かれらは平素飢えているとおもったので、「餓鬼」（鬼《き》は死者の霊の意）と呼んだ。

盆飯は辻に竈《かまど》を持ち出したり、河原で石の竈を積んだりして、子供が家々からもらい集めた米や野菜を炊いて食べるので「盆のままごと」と呼ぶところもある。これは陰陽師の御霊会の祭が民間の大人の辻祭になり、やがて子供の遊びになったものと推定できる。このときの御霊防遏の塞の神（道祖神）が地蔵になったから、地蔵盆と名付けたのであるが、これはお盆の間の行事だったとおもう。地蔵盆を二十四日にしたのは、愛宕《あたご》山の地蔵の祭が二十四日だったのと習合したものとかんがえられるけれども、いまその習合の理由は省略することとする。

四　親しまれる石地蔵

地蔵菩薩ほどポピュラーな仏はないし、いかなる願いでも気易くかけられる仏もない。しかもどこにでも立っている仏である。しかし、これは石像化されたために、いかなる野外にも路傍にも小堂にも立っておられるのであって、これが木像であればどこにでも安置してまつるというわけにはゆかない。

地蔵菩薩の木像が朽ちたり色が剝《は》げたりした姿は、普通の仏像とちがって痛ましく、うす気味わるい。これは地蔵菩薩は唯一の人間（比丘《びく》）の姿をした仏だからで、ここにこの仏への親しみの原因の一つがある。すなわち多種多様な地蔵信仰を分析してゆけば、結局は日本人のもっとも根源的な信仰対象である「祖霊」または「先祖」を仏教化したものにほかならないことがわかってくる。

地蔵菩薩は現世と来世の救済者だという。阿弥陀如来は来世だけの救済者なので、死んだ後でしか用はない。もしそれ以外のことをお願いすれば「雑行雑修」だといって叱られてしまう。しかし、地蔵菩薩は田植を手伝ってくれたり、戦いのあいだに矢を拾ってくれたり、刀で切られる身代わりにもなってくれる。田植地蔵とか矢取り地蔵、身代わり地蔵はこの信仰をあらわしている。

また夜泣き地蔵や子育て地蔵などは子供の守護仏とされ、子供に引きずりまわされてよろこぶという伝説もついている。関東地方では墓地の中心に石仏の親地蔵が立っていて、その村の始祖を地蔵としてまつったとされ、それぞれの家の墓参の最後にかならず親地蔵に線香をあげる。しかしその由来を忘れたところでは、墓地整理などで他に移されたものも多い。

このように雑多な願いを叶える仏は、阿弥陀如来のように往生だけを叶える仏より、一段下等な仏のように見られたことも事実である。万屋《よろずや》、スーパーマーケットと高級専門店の相異である。しかし一般庶民は万屋やスーパーマーケットに親しみを感じ、手軽に願いをかける。地蔵菩薩はどんな些細で我儘《わがまま》な願いでもきいて下さると信じているからである。

そうするとこれがまた、尻の軽い仏さんとして、阿弥陀如来のような重々しさがなくなってしまう。面白いことに中世には、阿弥陀如来を本尊とする本堂に相対して、山門の外に石地蔵を立てるという浄土宗の一派があった。この一派は藤田派とよばれて、関東地方の一部にのこっているが、田圃《たんぼ》の中の雑草をふみしだいて寺の山門に近づくと、その外に大きな石地蔵が本堂に向かって立っているのですぐ分かる。この一派の主張は「弥陀地蔵一体説」というもので、門前の地蔵菩薩にお願いすれば、どんな悪人でも地蔵から阿弥陀如来に取り次いでくれるので、かならず往生できるという。すなわち地蔵がピッチャーで弥陀がキャッチャーという組合せである。

したがってまた、地蔵は仲介者、口入屋の役で、弥陀と人間のあいだを取り持つものと信じられていた。もちろん「弥陀地蔵一体説」にはむずかしい密教上の理論があって、鎌倉中期の『沙石集』（巻二、「地蔵の人を看病し給ふ事」）には、

さて我身（帥僧都《そつのそうづ》）には密教の肝心を伝へて、弥陀と地蔵と一躰の習《ならひ》（秘伝）を知れり。然れば大乗の法にあへるしるしに、地蔵菩薩に随逐《ずいちく》し奉りて、光明真言を誦して、地獄の衆生を加持せんと思ふなり。（下略）

とある。しかしこれは日本の民俗信仰をもとにして、これを密教で勿体《もったい》付けたにすぎないのである。

この藤田派の石地蔵が山門の外に立っているのを見ると、まことにいじらしい感がするが、これは地蔵が仏でありながら、仏の側に付かずに人間の側、娑婆《しゃば》の側に在ることを示したものである。したがって『沙石集』の文でも帥僧都は浄土へ往生せずに、地蔵菩薩と一緒に地獄へ入って行って、光明真言で亡者の苦を助けようと語っている。

ということは、弥陀にたのんでも浄土へ受け取ってくれない悪人は地獄へ堕《お》ちるので、藤田派の地蔵はそれをしも助けるために、猛火の地獄へ入ってゆくというのである。そしてこの地蔵のはたらきは、弥陀のはたらきの一部だというのだけれども、当の阿弥陀如来は結構な浄土に涼しい顔をして、説法かなんかして座って御座るのだから、いささか矛盾している。民衆はそれを知っているから、現実の生活上の悩みは地蔵菩薩の方へもってゆく。

この構造は、上部構造の諸大寺の高級僧侶は結構な庫裡《くり》、客殿、僧房に金襴の衣に包まれているのに、民間寺院の下級僧侶や遊行の聖《ひじり》は破れ寺に住み、雨露風雪に打たれて抖擻《とそう》勧進をするとおなじになる。そして民衆の身近な悩みは、民間僧や遊行聖が救済したことは、地蔵菩薩とまったくおなじことである。しかも民衆が地蔵菩薩に願をかけるときは、阿弥陀如来に往生を願うときより真剣である。というのは、各地に「日限り地蔵」や「釘抜《くぎぬ》き地蔵」「とげ抜き地蔵」があって、「日限り」は七日とか二十一日の日参と、塩断ち、茶断ち、火物断ちをして願をかける。

京都の「釘抜き地蔵」ならば、毎日本堂の百度参りをする。東京巣鴨の「とげ抜き地蔵」ならば、手桶と棕梠《しゆろ》束子《たわし》をもって行って石地蔵をせっせと洗うのである。曹洞宗高岩寺境内の片隅にあって、寺は見て見ぬふりで民衆にまかせている。しかし、これが門徒ならば雑行雑修となるから、何もしないで阿弥陀如来にまかせるほかはない。民衆はそれでは勿体ないと苦行実践をし、それで願が叶えば、お礼に頭巾《ずきん》や涎掛《よだれか》けを石地蔵に着せかけるのである。

第十章　磨崖仏と修験道

一　石窟と磨崖仏

石の宗教性を論ずる場合、磨崖仏《まがいぶつ》を除くことはできない。従来、石造の宗教的遺物を石造美術や石材工芸とよんできたが、そのほとんどすべてが宗教的目的のために造立され、制作されている。すなわち宗教文化の素材の半分は石が担ってきた。もっとも古い宗教建築は石窟であり、窟籠《いわやごも》りの山岳宗教者や海洋宗教者は、やがて石窟に本尊を彫ったり仏像を安置したりして、石窟寺院としてゆく。そのような石窟は当麻寺《たいまでら》の西、二上山《にじようさん》中腹にある鹿谷寺址《ろくやじあと》（奈良県太子町）や岩屋峠に見られ、鹿谷寺址の石窟は屋根が崩落して奥壁の線彫三尊磨崖仏だけがのこっている。この如来形三尊には諸説があって、弥陀三尊説や釈迦弥陀薬師説があるけれども、私は『大和葛城《かつらぎ》宝山記』と『天地麗気記』から見て、弥勒如来《みろくにょらい》（当麻寺金堂本尊もこれ）三体であろうとおもっている。当麻寺の旧地、河内万法蔵院《まんほうぞう》が現在地に移って禅林寺（当麻寺）となったとき、やはり弥勒如来を本尊としたのであろう。そして諸般の事情を考証して、私は葛城修験道の本尊とする法起菩薩《ほうきぼさつ》（法喜菩薩）は弥勒であると信じている。したがって葛城修験の一中心として役優婆塞《えんのうばそく》が造立した禅林寺が、弥勒を本尊としたことは当然で、これはまた鹿谷寺石窟の磨崖仏が弥勒如来であることを推定させる理由となる。

また二上山から当麻寺へ下る岩屋峠にも大小二つの洞窟があり、ほとんど磨滅した線彫と浮彫の磨崖仏が現存する。大洞は高さ三・五メートル、間口六メートル、奥行三・五メートルで居住性があり、原始的な石窟寺院とかんがえられよう。磨崖仏は三尊なので、近代の地誌は三体の観音などとしているが、当麻寺に近い白鳳時代造立の廃石光寺《しやつこうじ》について『元亨釈書《げんこうしやくしよ》』は三石を彫刻して「弥勒三尊像を作る」などと書いているから、三体弥勒石像が多かったことは事実である。

このように奈良時代以前には規模の小さい石窟寺院に磨崖仏が彫刻されたが、奈良時代に入っても奈良東山の地獄谷に洞窟と線刻磨崖仏が彫られた。この洞窟は聖人窟とよばれ、三メートル四方ぐらいの広さで居住性がある。凝灰岩壁への人工の洞窟である。正面奥壁の中央に如来形座像、その向かって右に菩薩形立像、左に如来形立像があるが、像名はわからない。また左右の側壁にも線刻磨崖仏が三体ある。正面奥壁の三尊の中尊、如来形座像は阿弥陀如来説や毘盧舎那《びるしやな》如来説のような無責任な説があるけれども、これは釈迦如来か弥勒如来とするほかに判断の余地がない。これを弥勒とかんがえおよばなかったのは、常識的に弥勒は菩薩だけとおもわれていたためであろう。しかし当麻寺（禅林寺）の金堂本尊が弥勒如来であることは文献的にもあきらかであり、和歌山県九度山の慈尊院の本尊も寛平四年（八九二）銘の弥勒如来である。ほかに法隆寺五重塔弥勒浄土の弥勒仏、興福寺北円堂の弥勒仏などがあり、弥勒菩薩は五十六億七千万年の思惟ののちこの世に下生《げしよう》し、龍華三会《りゆうげさんね》の説法をして成仏する。地獄谷の聖人窟正面奥壁の中尊の右手は、この説法の印をあらわしたものとおもわれるのである。

私がこのように古代石窟の弥勒仏にこだわるのは、石窟と磨崖仏が密接な関係にあり、これはまた日本の山岳宗教ないし修験道の原始形態とおもうからである。従来は磨崖仏を単純に仏教美術とかんがえてきたが、磨崖仏のある場所なり、その像容や規模は都市仏教や村落仏教と異なるものがある。これはやはり巨石巨岩に宗教性をみとめ、その中に神や仏の実在を信ずる自然宗教としての修験道の所産でなければならない。そのような巨石巨岩は深山幽谷にあって、平素あまり人の近づかぬ場所にあるこ

とが多い。弘法大師の『性霊集』(巻九)には、

高山深嶺に四禅の客乏しく、幽藪窮巌《いうそうきゆうがん》に入定の賓希《まれ》なり。

とあるが、修験道の修行者は高山深嶺や幽藪窮巌で修行しながら、巌窟に籠り、その中やまわりの巌壁に仏像を彫って礼拝した。したがって磨崖仏は深山幽谷に多いのである。

奈良時代もしくはそれ以前の磨崖仏は、二上山や奈良の東山のほかに笠置《かさぎ》山にもあった。ここは天智天皇の開創をつたえ、木津川に臨む三面絶壁の山頂に線刻磨崖仏がある。『笠置寺縁起』では天智天皇がこの山で、遊猟の間の危難を救われたお礼に、弥勒仏を刻む願を立て、天人来ってこれを彫ったとあり、その像容は仁和寺本『弥勒菩薩画像集』の「笠置弥勒像」によれば、如来形立像である。そしてその左右に二比《び》丘《く》形の脇侍があったことがわかる。しかしこの白鳳の磨崖仏は後醍醐天皇の元弘の兵火で焼け損じて、原形をとどめていない。ただ今は高さ五二尺、幅四二尺ある弥勒像をのこすにすぎない(一尺＝約三〇・三センチメートル)。したがってこの弥勒如来像の大きさも想像されよう。弥勒石の隣には高さ四〇尺、幅三一尺の薬師石、高さ二

二尺、幅六尺の文殊《もんじゅ》石があったが、弥勒石と同時に焼けた。ただすこし離れた虚空蔵石（高さ四二尺、幅二四尺）のみが無事のこり、他の三像の規模を想像せしめることができる。

この笠置山の弥勒磨崖仏はもちろん天人が造ったものではない。その彫像法は下から足場を組んだか、または籠に乗って上から吊り下げられたか、とにかく人間が彫ったにちがいないが、それが山岳修行者の一団であったことは疑いないであろう。そのような修行者の存在をこの山の龍穴が暗示してくれる。すなわち龍穴とよばれる石窟に窟籠りする修行者が、この巨巌を弥勒仏の磐境《いわさか》として礼拝し、その尊容を彫り出したのが弥勒石の如来像であった。このように見てくると二上山の窟も東山地獄谷の窟も、笠置山の窟もきわめて近似した共通性があることに気付くであろう。それらはいずれも線刻の弥勒如来磨崖仏をもつことであり、前奈良期の山岳宗教の遺跡だということである。これは一体何を意味するであろうか。

二　修験道の永遠性と石の宗教

山岳宗教すなわち修験道は永遠不滅をこの世に実現しようとする宗教である。仏教という宗教はむしろ永遠不滅なものは存在しないということを根本教理とする。無常とか縁起とか空という概念はこのことを示している。しかし修験道は神仙術の不老不死を理想とするように、不滅なるものを追求した。そこで不滅な存在とかんがえられた石や巌《いわお》を礼拝対象とし、また五十六億七千万年というような永遠なる仏の弥勒仏を理想としたものとかんがえられる。この二つの不滅を合わせて巌に弥勒像を彫ったが、この場合弥勒菩薩では中間的存在にすぎないので、成仏した果位《かい》の仏、弥勒如来として礼拝したものと解釈することができる。

しかし修験道は永遠とか無限ということを抽象概念として「久遠実成《くおんじつじょう》」などといわず、五十六億七千万年というような有限の永遠をとったのが現実的である。したがって笠置山の龍穴の奥には弥勒の浄土があるが、その一日は娑婆《しゃば》の四百年に当たるという。この笠置山の修験集団は奈良時代にも盛大であったらしく、その中の一人、実忠に光明皇后が帰依した話がつたえられている。それのみならず、『笠置寺縁起』や『東大寺二月堂縁起』がつたえるように、実忠は龍穴の奥に一里ほど入って都率《とそつ》天の内院に出たという、東大寺二月堂修二会《しゅにえ》（お水取り）の縁起をかたっている。

天平勝宝三年辛卯《かのとう》十日、笠置寺の龍穴より入りて、北方へ一里余を過ぐれば、則《すなは》ち都率の内院なり。四十九院摩尼宝殿一々巡礼す。其の内諸天殊に集会して、十一面の悔過《けくわ》を勤むるの処あり。常念観音院と号す。和尚（実忠）聖衆《しやうじゆ》の行法を拝し、此の行を摸して人中に於て勤行すべきの由、聖衆に伺ふ。則ち告げて曰《いは》く、此所の一昼夜は人間の四百歳に当る。（原漢文）

とあり、この時間的ギャップを埋めるために「千反（返）の行道」を走っておこなう「走りの行」をするようになったとある。しかしすでに笠置の山伏のおこなった「走りの行」を東大寺へ移すについてこのような説話をつくったものであろう。

笠置山の修験と関係のあった山岳信仰の山の室生《むろう》山にも龍穴があるが、この穴には籠れないようである。また木造弥勒像はあっても菩薩像である。ところが室生への入口にあたる大野寺の対岸断崖に、鎌倉時代に線刻磨崖弥勒如来像が彫られた。これには多くの記録があって、承元《じようげん》元年（一二〇七）十月から翌年十月まで丸一年で彫ったことが知られ、その下図は菩提房なるものが当時健在だった笠置山の弥勒如来を写して持ってきたものという。これは『興福寺別当次第』（前法務大僧正雅縁の条）と、大野寺所蔵『石仏弥勒尊造立実録』によって明らかである。そうするとこれが笠置山の弥勒磨崖仏を知る有力な手がかりとなるが、その背光の長さ四五尺五寸で、仏身の高さは三八尺である。またおそらくこの大野磨崖弥勒如来石仏を模倣したとおもわれる線刻弥勒如来磨崖仏が南山城の岩船のミロク辻にある。永清なるものが文永十一年（一二七四）に石大工末行に造立させた銘があり、鎌倉時代の復古主義がしのばれるとともに、笠置山弥勒磨崖仏の影響の大きかったことを知るのである。

線刻磨崖弥勒如来像（奈良県、大野寺）

石窟寺院と磨崖仏はとくに九州に多いが、彦山の四十九窟の中には石窟寺院の規模をもったものが少なくない。しかし磨崖仏は見出されない。国東《くにさき》半島や大分市周辺、臼杵《うすき》等も石窟と磨崖仏の多いところである。しかしこれらの造られる平安末から鎌倉時代には、石窟に籠るというよりも、これを仏龕《ぶつがん》として磨崖仏を礼拝するようになった。その点で奈良時代以前の線刻磨崖仏と目的がまったく異なってきたといえる。しかし中には石窟を内陣として、外陣にあたる木造建築をさしかけて居住性をもたすものができた。大分市上野元町石仏や同高瀬石仏（旧植田村高瀬）などに見られるもので、岩壁の所々に枘穴《ほぞあな》が見出される。

平安時代以後の磨崖仏は半肉彫または浮彫になってゆくが、これは石そのものを礼拝する石の宗教から、仏像そのものに重点がうつってきたことをしめすものとおもわれる。しかしこれを大陸の石窟寺院の石仏の模倣とすることはできない。これらの磨崖仏の彫造者は大陸の石窟寺院を知らないからである。そして次の段階は丸彫のいわゆる石仏が造立されるようになる。しかしそうはいっても石仏は自然石の光背の中に半肉彫で表現されることが多いのは、やはり石から仏を彫り出す意識がいつまでものこっているのである。

室町時代以降は小型の石仏がいたるところで見出されるが、これは死者の供養仏であるとともに、大念仏その他の逆修仏《ぎゃくしゅ》が多くなるためである。石仏はそこまで掘り下げる必要があるけれどもスペースがないので割愛することにする。また石の宗教は種々の塔型（層塔・宝塔・宝篋印塔《ほうきょういんとう》・五輪塔・板碑・石幢《せきどう》等）の石塔も論じなければならないが、これも今は割愛することとしたい。石造層塔の発祥も大陸の塔型の模倣とすることはできるだけ避けるべきで、最も古い石造層塔である前記二上山鹿谷寺址の十三重石塔は、切石を積み上げたものでなくて、この山から松香石（軟質凝灰岩）を切り出して、地山を切りのこしたものである。すなわちこの石塔は地山から生えた「山そのもの」なのであり、それが鹿谷寺の信仰対象であった。このように従来の石塔論を見直す段階にきているが、これをもって本稿を閉じることとする。

解説

上別府　茂

近年、日本人も精神的にも少し余裕が出てきたのであろうか、定年を迎えた人々とおもわれる年恰好の一行が田舎道を歩いている光景を見かけることが多い。路傍の石像があると、たいていは石地蔵であるが、リーダー格の人がその傍らにある掲示板を見ながらペダンチックな謎解きをする光景をしばしば見かける。たいていは「……と伝える謎の石仏である」と落ちがつく。一般的によく知られているわが国の石像・石仏は大和の飛鳥、豊後の臼杵であったり、少し物知りであれば信州の万治の石仏であったりする。このような著名な石像・石仏の観光案内でも「世にも奇妙な石造物めぐり」「謎は深まるばかり」などと説明する。黙してしゃべらない石造遺物であればこそ弥が上にもロマンの世界に誘う。このような歴史上のロマンは一瞬のこころは癒してはくれるが、石像がなぜ造像されたのかという歴史事実がわかればさらにこころを豊かにしてくれるであろう。科学万能の時代に路傍の石仏を合理的（科学的）に説明できる学問研究がなかったことがそれこそ謎である。

西洋は石の宗教であり、日本は木の宗教であるとの思い込みがあったが、本書を読むと、予想以上に石の宗教が多いことがわかる。黙してしゃべらない石をよくぞここまで合理的に論じたものである。解説をするにあたり、まず何ゆえに著者の五来重氏がこのような『石の宗教』の執筆が可能であったのかの背景を探ってみたい。それは五来氏の研究スタンスによるところが大であろう。

五来氏の研究方法および確立した研究業績は、〝五来民俗学〟〝五来史学〟と研究者あるいは巷間でいわれている。それは「日本仏教民俗学」という独自の研究分野を拓き（晩年は仏教民俗学をさらに発展させて宗教民俗学と称した）、その研究方法で従来の未解決の課題を次々に解決したことによるものと考えられ、本書のテーマ「石の宗教」もそのひとつであろう。そして「仏教民俗学といえば五来重、五来重といえば仏教民俗学」といわれるようになり今日にいたっている。研究の嚆矢《こうし》は、一九五二年（昭和二七年）に研究雑誌を自ら命名し『仏教民俗』（高野山大学歴史研究会編）として創刊したことにある。その日本仏教民俗学の概念については「日本仏教民俗学論攷」（文学博士取得論文、一九六二年）によれば、日本仏教民俗学は広義の日本仏教史学の一翼をなすもので、その方法として従来の文献史学的方法に民俗学的方法を援用することによって、とくにわが国の庶民仏教の本質・起源・変遷等をあきらかにする学問である。

と規定している。これによれば、日本仏教民俗学は日本仏教史学の一研究分野であって、そのなかで研究の対象とされていなかった〝庶民の仏教史〟を明らかにする目的で創設された。この研究方法は本書でもしばしば主張され、仏教民俗学＝宗教民俗学で石の宗教性を解明する作業例を示した。なお、五来氏の日本仏教民俗学の研究範囲は実に幅広く、主要な研究課題は、㈠葬墓史の研究、㈡聖《ひじり》の研究、㈢庶民信仰の研究、㈣寺社縁起の研究、㈤修験道史の研究、㈥民間芸能史の研究、㈦宗教歳時史（年中行事）の研究他がある。したがって、この「石の宗教」の解明にあたっては、これらの研究業績の結論が十二分に反映されていることがわかる。

山折哲雄氏（前国際日本文化研究センター所長）は五来氏を評して「日本の民俗学百年の歩みのなかで、柳田国男と折口信夫につぐ第三走者である」といい、「その研究業績、人間の経歴、および着想の鋭さにおいて、五来重はまぎれもなく柳田、折口の衣鉢をつぐ人物であったと思わないわけにはいかない」と評した（『五来重宗教民俗集成7・宗教民俗講義』「解説」角川書店、一九九五年）。この評価はまだ五来氏の全業績が公刊されていないので何とも肯定しがたいが、ただ指摘される「着想の鋭さ」は他の民俗学者より抜きん出ていたといえる。本書の最大の特色もこの非凡な着想力、着眼力の豊富さにあることは間違いないであろう。是非とも読者も説得ある非凡な着想力を味わって欲しい。これまで謎と伝説に包まれていた石の宗教は五来氏の着想力により氷解したようにおもわれる。

従来、石造物は美術史資料、文化財として研究の対象とされていたが、五来氏はこれを宗教史資料、宗教民俗学資料として把握したことが、本書のごとき着想豊かな結論を導き出したといえる。また、本書によれば、

石仏や石塔を仏教の経典や儀軌、図像で説明するのが、従来の石造美術史家の常套手段であった。そしてそれは仏舎利を入れたストゥーパを模したものだとか、大日如来の五輪五大だとかいうのであるが、それでは何故に凡夫の死者の霊として戒名を彫り、香華を供えるのであろうか。これに対して宗教民俗学は石に神や死者の霊魂が宿るという日本人のきわめて原始的な霊魂観念やアニミズムを庶民信仰から説

明することができる。従来の仏教美術や石造美術はその形態だけを説明したけれども、その信仰内容まで入ることができなかった。（第一章・石の崇拝　四・アニミズムと庶民信仰）

という。すなわち五来氏の考え方は、円空論でも木喰論でもそうであるように形態論はさておきその信仰内容・背景を追究して全体像を明らかにする手法であった。さらに、

日本人の庶民仏教というものは、インド、中国の渡来仏教をそのまま受容するのでなくて、本来もっていた庶民信仰または民族宗教を基にして、これに一致するものか、または一致するように変容させて受け入れた。これは仏教も経典も信仰も儀礼もそうである。したがって庶民信仰の仏を、密教の儀軌などで穿鑿しても、うまく説明できないものが多い。いわんや円空や木喰行道の彫刻を、儀軌でしらべるぐらい馬鹿げたことはない。（第五章・道祖神信仰　七・道祖神祭から地蔵盆へ）

と述べる。そういえば「日本仏教はインド仏教を誤解した仏教である」といった名言

も五来氏であった。

このような考え方、研究方法で石の宗教性を明らかにしたのが本書であって、「私がここに述べるところは、今までの常識と食い違うところが多いかもしれない。しかし実は、今までの常識が背伸びをしていたのであって、虚心に見ると庶民のための常識は別なところにあったことに気付き、改めて自分の足許を見廻すことになるとおもう」（第一章・石の崇拝　四・アニミズムと庶民信仰）とまでいう。

最後に五来氏が何ゆえに仏教民俗学の世界に入ったかを述べておく必要があろう。五来氏は一九三二年（昭和七年）に東京帝国大学文学部印度哲学科を卒業し、同大学院を経て一九三六年に西田直二郎氏の文化史学を学ぶために京都帝国大学に入学。翌年大学で柳田国男氏の集中講義（講題「盆と行器《ほかい》」）を聴いた。「私はそのときまで民俗学にはまったく関心がなかったが、この講義をきいて感動し、学問というもの、歴史学というものに大きな〈変革を予見した〉」（五来「私にとっての柳田国男」『東京新聞』一九七五年六月二七日付）という。さらに柳田氏からの学恩は多くあるが、第一に「庶民の伝承のたしかさ」で、「私は柳田学を日本仏教史に生かして、仏教民俗学を構築して来た」と。また第二に「学問の庶民性」で、「私は翁（柳田氏）の『学問はどんな卑近な疑問にも答えられなければいけない』といった言葉をいまだに忘れることができない」という。すなわち柳田氏が幼時から愛したという稗史《はいし》の庶民史観の確立を学んだという。一九四三年には東京帝大時代の学友・堀一郎氏（一九一〇—七四、のち東大教授）と堀氏の岳父である柳田氏を自宅に訪ねた。そのとき柳田氏から日本民俗学に欠けているのは仏教だから、二人でやって欲しいといわれた。堀氏は「自分は修験道をやるから、君（五来氏）は高野聖のような念仏聖をやりたまえ」などと研究の守備範囲を分けたという（五来『堀一郎著作集3・学僧と学僧教育』書評、『読売新聞』一九七九年一月一七日付）。ここにのちに五来氏の名著とされる『高野聖』（角川新書、一九六五年、のち角川選書）が生まれる淵源があった。なお私事で恐縮であるが、一九七六年、五来氏は調査研究のために渡仏するが、帰国直前に私宛に一枚の絵葉書が届き、それによれば、日本民俗学はヨーロッパのどこよりも進んでおり、「柳田国男が日本にでたことは日本民俗学のために大そう幸いでした」と認《したた》めてあった。五来氏は柳田民俗学に畏敬の念を抱きつつ継承し、そして未開の研究分野・日本仏教民俗学を樹立した。

本書の初出は、『石塔工芸』創刊号（鎌倉新書、一九八〇年）から三〇号（一九八四年）まで三〇回連載されたものである。

（法藏館編集長）

KODANSHA

本書は一九八八年、角川書店から刊行された『石の宗教』を底本とし、著作権継承者の諒解を得て、図版を全面的に入れ替え再編集したものです。

五来　重（ごらい　しげる）

1908年，茨城県日立市生まれ。東京帝国大学大学院修了，京都帝国大学卒業。高野山大学教授，大谷大学教授を歴任。文学博士。専攻は仏教民俗学。1993年12月没。主著に『増補高野聖』『仏教と民俗』『円空仏―境涯と作品』『微笑仏―木喰の境涯』『山の宗教―修験道』『修験道入門』『踊り念仏』『葬と供養』『善光寺まいり』『熊野詣』などがある。

講談社学術文庫

定価はカバーに表示してあります。

石《いし》の宗教《しゅうきょう》

五来《ごらい》　重《しげる》

2007年3月10日　第1刷発行
2025年10月6日　第8刷発行

発行者　篠木和久
発行所　株式会社講談社
東京都文京区音羽 2-12-21 〒112-8001
電話　編集（03）5395-3512
販売（03）5395-5817
業務（03）5395-3615

装　幀　蟹江征治
印　刷　株式会社広済堂ネクスト
製　本　株式会社国宝社
本文データ制作　講談社デジタル製作

ISBN978-4-06-159809-6

「講談社学術文庫」の刊行に当たって

これは、学術をポケットに入れることをモットーとして生まれた文庫である。学術は少年の心を養い、成年の心を満たす。その学術がポケットにはいる形で、万人のものになることは、生涯教育をうたう現代の理想である。

こうした考え方は、学術を巨大な城のように見る世間の常識に反するかもしれない。また、一部の人たちからは、学術の権威をおとすものと非難されるかもしれない。しかし、それはいずれも学術の新しい在り方を解しないものといわざるをえない。

学術は、まず魔術への挑戦から始まった。やがて、いわゆる常識をつぎつぎに改めていった。学術の権威は、幾百年、幾千年にわたる、苦しい戦いの成果である。こうしてきずきあげられた城が、一見して近づきがたいものにうつるのは、そのためである。しかし、学術の権威を、その形の上だけで判断してはならない。その生成のあとをかえりみれば、その根は常に人々の生活の中にあった。学術が大きな力たりうるのはそのためであって、生活をはなれた学術は、どこにもない。

開かれた社会といわれる現代にとって、これはまったく自明である。生活と学術との間に、もし距離があるとすれば、何をおいてもこれを埋めねばならない。もしこの距離が形の上の迷信からきているとすれば、その迷信をうち破らねばならぬ。

学術文庫は、内外の迷信を打破し、学術のために新しい天地をひらく意図をもって生まれた。文庫という小さい形と、学術という壮大な城とが、完全に両立するためには、なおいくらかの時を必要とするであろう。しかし、学術をポケットにした社会が、人間の生活にとってより豊かな社会であることは、たしかである。そうした社会の実現のために、文庫の世界に新しいジャンルを加えることができれば幸いである。

一九七六年六月　　　野間省一